정지버튼

Stop Button

화나는 마음, 짜증나는 마음. 그것을 정지시켜야 행복이 옵니다.

박이철 지음

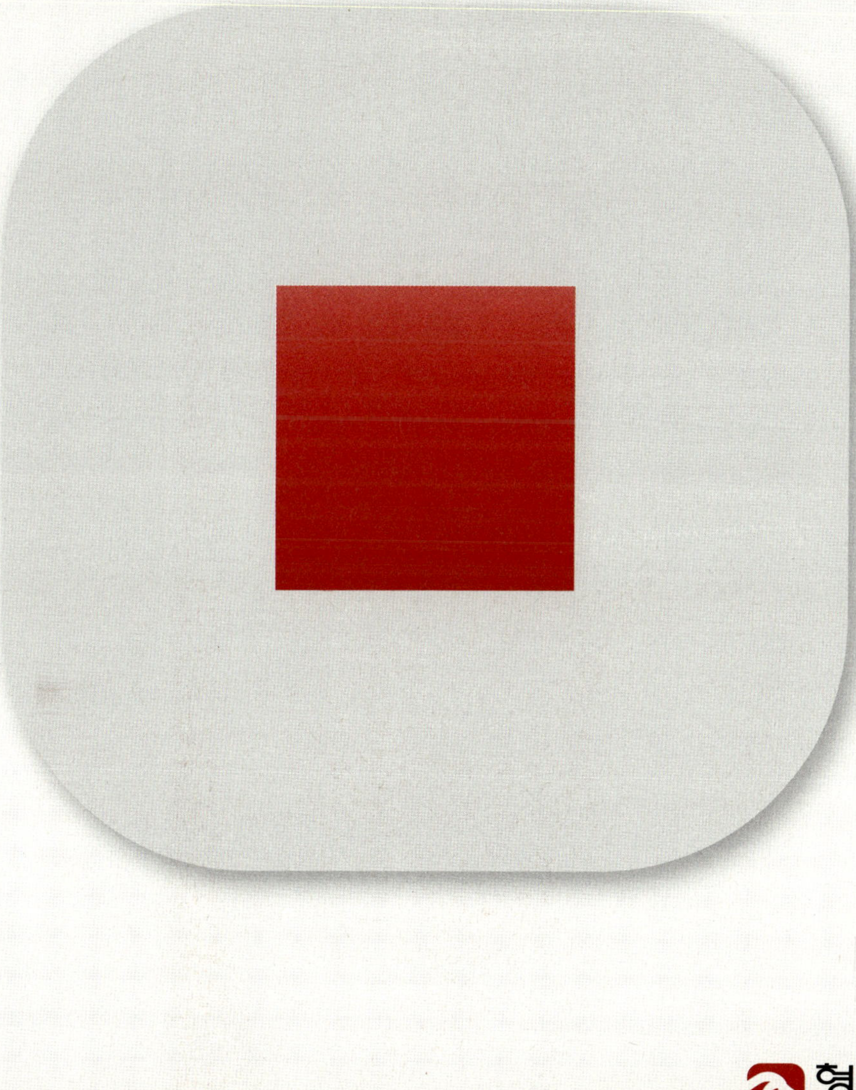

형설
미래교육원

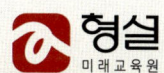

프롤로그

해외의 다큐멘터리 채널에서 아주 재미있는 다큐를 본적이 있다.

제목은 기억이 안나지만, 내용은 이렇했다.

이 다큐의 취지는 세계에서 초능력이라고 불리우는 것들을 찾아내고 그것들의 신비함을 보여주다가, 후반부에서는 두명의 박사들이 그 초능력들이 다 거짓임을 밝혀내어 그 허상에 현혹되는 사람들에게 경각심을 불러일으키는 것이었다.

다큐에 처음으로 소개된 사람은 다름아닌, 이소룡의 스승이었다. 그는 신비한 능력으로 사람들에게 장풍 같은 것을 쏘았으며, 그의 손에 의해 장풍을 맞은 사람들은 하나없이 뒤로 나가 떨어졌다. 심리적 영향으로 그렇게 될 가능성을 제거하기 위하여, 사람들과 그 스승 사이에 천막을 두어도 사람들을 하나없이 뒤로 나가 떨어졌다.

그를 만나기 위해, 혹은 그의 신비한 힘을 체험하기 위해 세계의 수많은 나라에서 그를 찾아왔고, 그는 그들을 모두 제압했다.

다큐에는 이와 함께 몇몇의 신비한 초능력자들이 차례로 언급되었고, 후반부로 가면서 이들은 모두 두명의 박사에 의해 여지없이 허위로 판명되었다.

이 이소룡의 스승도 예외는 아니었다.

검증을 위해 나선 이 두명의 박사가 검증한 대상은 이 이소룡의 스승이 아니라, 그의 수제자였다. 다큐가 일말의 미안함때문인지 아니면, 거리 때문이었는지는 모르겠지만, 그를 직접 검증하지 않고, 수제자를 검증하였는데, 전제는 수제자 역시 똑 같은 능력을 가졌다는 것이었다.

두명의 박사는 이 수제자에게 자신들을 날려보라고 호언하였고, 이 수제자는 배운데로 열심히 그들을 날려버리기 위해 애썼다. 하지만, 그들을 미동도 하지 않았다.

당황한 수제자는 고개를 연신 흔들어 댔다.

이 다큐의 끝은 이것이 아니었다.

그들은 이 필름을 그 스승에게 보여주었다.

스승은 말없이 자신의 제자가 당하는 수모를 보고 있었다.

그리고, 한마디 말했다.

"음, 이럴 수 있어요. 아마 이 박사는 오른쪽 발가락에 힘을 주고 있었거나, 혹은 혀에 힘을 주고 입천장에 대고 있었을 수가 있어요"

그리고, 다큐는 끝이 났다.

하지만, 나에게 이 말은 매우 공감되고 오랫동안 기억에 남았다.

그의 말은 무슨 뜻이었을까?

그것은 바로 자각이다.

그 박사는 스승의 말처럼, 어떤 행위인지는 알 수 없지만, 자신들만의 방식으로 스스로를 자각하고 있었던 것이다.

그렇다면, 자각이란 무엇일까?

그것은 깨어남이다.

사람들은 자신들이 깨어있다고 생각한다.

하지만, 그것은 그저 생각일 뿐이다.

사람들은 사실은 거대한 최면의 상태에 있다. 그리고 그것은 스스로 자신을 자각하고 빠져나오지 못하면, 마치 자신의 의지에 의한 것처럼 느껴질 만큼 확신이 큰 마술에 걸려, 스스로 무너지고 만다.

이것이 현대인들이 살아가고 있는 이 세상일지도 모른다.

그 스승은 그렇다면 사기꾼일까?

아니다. 그가 발산하는 "기"라고 하는 것은 분명히 실제할 것이다. 그렇지 않는다면, 어떻게 사람들이 모두 뒤로 나가 떨어지겠는가?

하지만, 그의 기는 그의 기에 눌려 뒤로 나가 떨어지는 사람들에게 자각이 일어나면, 그것마저 이겨낼 만한 힘을 가지고 있지는 않다.

그 기의 힘은 스스로 자각하지 못하는 사람들에게 작용해 그들을 뒤로 미는 정도의 힘밖에는 없는 것이다.

이것을 좀더 다른 방식으로 설명하자면, 기가 작동하여 타인들을 움직일 수는 있지만, 그 타인이 그 소통에 동의하지 않는다면, 그 기는 제대로 작동하지 못하게 된다는 것이다. 이것은 기의 힘이 약하다는 것을 의미하기 보다는 자각이 일어나지 않는 사람이 얼마나 약한가를 보여주는 것이다.

우리의 삶에서 자각은 매우 중요하다, 마치 이 스승의 기처럼, 우리에게는 수많은 자극이 주어진다. 그 자극은 우리에게 즐거운 자극이 될때도 가끔 있지만, 대부분이 우리의 신경을 곤두서게 하고, 우리의 분노를 자극한다.

세상에서 어떤 누구도 자신의 삶을 분노로 불태우고 싶어하지 않는다. 하지만, 그 방법을 모르기 때문에 우리의 삶은 여지없이 분노에 불타오르고 마는 것을 보게 된다.

나는 강의를 하면서 수많은 사람들이 관계를 통해서 상처받고 스스로 불타오르는 사람들을 보면서 아이디어 하나를 고안했다.

그것은 다름아닌 정지버튼이었다.

나는 사람들에게 왼손 손바닥 한가운데에 숨겨져 있는 정지버튼 하나를 알려주었다.

그리고, 그것을 꾹 누르는 동안 당신의 모든 감정의 상태가 정지된다고 이야기 해주었다.

그리고, 그것을 누르고나서 그것을 누를때와 정반대로 그냥 행동하라고 일러주었다. 사람들에게 듣는 정지버튼의 효과와 용도는 놀라울만큼 크고 다양했다.

하지만, 사실 나에게 정지버튼의 활용도는 그렇게 높지 않았다. 왜냐하면, 늘 마음공부를 가르치는 입장이었기 때문에 스스로에게 정지버튼까지는 별로 필요없다는 생각도 있었고, 실제로도 그랬다.

그러던 어느날, 10년전에 나의 세션에 참여하였던, 어떤 노교수님이, 아직도 그 정지버튼을 활용하면서 자신을 자각한다는 말씀과 함께 그 효용성을 이야기 해주시는데 나는 깜짝 놀랐다.

그 분은 그야말로 정지버튼 사용의 고수가 되어 있었다.

지금은 바야흐로 코로나시대가 되었다.

이 시대는 일찍이 인류가 접하지 못했던 대 혼돈이 되었다. 그리고 그 혼돈의 시기에 걸맞는 혼돈의 정신 상태가 우리를 엄습해왔다.

우리는 이제부터 정신을 바짝차리지 못한다면, 모든 것을 잃게 될지도 모른다.

하지만, 호랑이에게 물려가도 정신만 차리면 된다는 옛말처럼, 우리가 스스로 정신을 차리고 자각을 일으킬 수만 있다면, 우리는 나름 슬기롭게 이 시기를 넘길 수 있을지도 모른다.

정지버튼은 여러가지로 우리의 삶에서 작동할 것이다.

어떤때는 화를 정지시키고, 어떤때는 미움을 정지시키고, 우울을 정지시키고, 욕망을 정지시킬 수도 있다.

그래서 어떤때는 시작버튼이 되고, 어떤때는 감사의 버튼이 되고, 어떤때는 용서의 버튼이 되기도 할 것이다.

이제 여러분은 왼손바닥 한가운데 있는 이 정지버튼을 꾹 누르고 자신의 감정의 주인이 되어보아야 한다. 그것은 그냥 장난스럽게 시작해도 좋다. 하지만, 사용한자만이 그 위력을 느낄 수 있을 것이다.

이 정지버튼은 스마트폰의 앱으로도 만들어졌으며, 이 책의 내용들은 모두 그 앱에 성우의 목소리로 녹음되었고, 이 책에 각 항복별로 QR코드로도 들을 수 있다. 많은 이들의 불행을 정지시키고, 행복을 실행시키기 위해 작동되기 시작했고 당신의 감정도 정지 되기를 바란다.

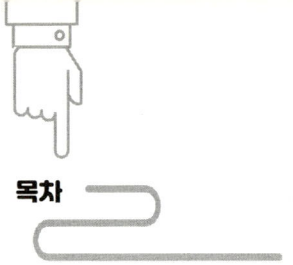

목차

프롤로그

분노버튼

☹ 주변 사람들로 인해 화가 나요.

누군가가 제가 없는 곳에서 나쁜 이야기를 했어요.(무시당했어요) ···· 17
자녀가 제 말을 안 들어요.(어린 자녀) ················· 19
자녀가 제 말을 안 들어요.(사춘기 자녀) ················ 21
친구가 저를 욕했어요. ························· 23
배우자가 저를 화나게 해요. ······················ 25
배우자가 저를 속였어요. ························ 27
부모님이 저를 화나게 해요.(청소년용) ················· 30
부모님 때문에 화가 나요(성인) ···················· 32
오해를 받아서 화가 나요. ······················· 34
부모님이 왜 나를 낳았는지 화가 나요. ················ 36
따돌림 때문에 화가 나요. ······················· 39
비교당해서 화가 나요. ························· 42
부당한 대우에 화가 나요. ······················· 45
공감없이 충고/조언/비판/평가하는 사람 때문에 화가 나요. ········· 47
선생님 때문에 화가 나요. ······················· 50

☹ 나 자신 때문에 화가 나요.

괜히 화가 나요. ··· 53
게으른 저 자신에게 화가 나요. ······················· 55
부정적인 저 자신에게 화가 나요. ·················· 57
욕심 많은 저 자신에게 화가 나요. ················· 60
어리석은 저 자신에게 화가 나요. ·················· 62
우유부단한 저 자신에게 화가 나요. ············· 64
능력이 부족한 저 자신에게 화가 나요. ······· 66
마음이 답답해요. ·· 68
기대한 일이 이루어지지 않아서 화가 나요. ······· 70
 왜 나만 불행한 처지에 있는지 화가 나요. ······ 72

☹ 예기치 않은 황당한 일을 겪었어요.

폭행을 당했어요. ·· 76
모르는 사람에게 욕을 먹었어요.(무시당했어요) ······ 79
사기를 당했어요. ·· 82
성추행을 당했어요. ··· 84
성폭행을 당했어요. ··· 87

☹ 우울해요.

코로나 때문에 너무 우울해요. ······················· 91
코로나 때문에 걱정이 많아 우울해요. ········· 93

코로나 때문에 사람들을 못 만나서 우울해요.	95
세상에 나 혼자인 거 같아요.	98
사랑하는 사람과 헤어졌어요.	101
사랑하는 사람이 세상을 떠났어요.	104
사랑하는 사람이 저를 배신했어요.	107
직장을 잃었어요.	109
재산을 잃었어요.	112
건강을 잃어서 우울해요.	114
퇴직해서 우울해요.	117
나이 들어가면서 우울해요.	120
직장에서 외톨이가 된 것 같아 우울해요.	123
학교에서 왕따가 되어 우울해요.	126
잠을 푹 잘 수 없어 우울해요.	129
식구들이 더 이상 저를 필요로 하지 않아 우울해요.	132
아무도 나에게 관심이 없어 우울해요.	135
살고 싶지 않아 우울해요.(왜 태어났는지/왜 사는지/결국 죽을 텐데(허무함/불안))	138

감사버튼

☺ 행복을 찾아내는 감사버튼

감사할 일에 감사하기 1	145
감사할 일에 감사하기 2	147
감사할 일에 감사하기 3	149

☺ 삶을 변화시키는 감사버튼

평범한 일에 감사하기 1 ·· **152**
평범한 일에 감사하기 2 ·· **154**
평범한 일에 감사하기 3 ·· **156**

☺ 세상을 바꾸는 감사버튼

감사하지 못할 일에 감사하기 1 ································· **159**
감사하지 못할 일에 감사하기 2 ································· **161**
감사하지 못할 일에 감사하기 3 ································· **164**

성찰버튼

☺ 지혜로운 이기주의자

지혜로운 이기주의자는? ·· **169**
지혜로운 이기주의자 1-무시당했을 때 ······················· **171**
지혜로운 이기주의자 2-가족들 때문에 화가 날 때 ······ **174**
지혜로운 이기주의자 3-따돌림 당했을 때 ··················· **176**
지혜로운 이기주의자 4- 비교당했을 때 ······················· **178**
지혜로운 이기주의자 5-오해를 받았어요. ··················· **180**
지혜로운 이기주의자 6-저 자신에게 실망했어요. ········ **183**
지혜로운 이기주의자 7-코로나로 인해 우울해요. ········ **185**
지혜로운 이기주의자 8-건강을 잃어서 우울해요. ········ **188**
지혜로운 이기주의자 9-재산을 잃어서 우울해요. ········ **190**
지혜로운 이기주의자 10-사회적 지위를 잃어서 우울해요. ············ **192**

😮 생각 바꾸기

생각에 관하여 1 ·· 195
생각에 관하여 2 ·· 197
망상에 대하여 1 ·· 200
망상에 대하여 2 ·· 203
모순을 보는 능력 1 ··· 206
모순을 보는 능력 2 ··· 208
모순을 보는 능력 3 ··· 210
다시 생각하기 1 ··· 212
다시 생각하기 2 ··· 215
생각을 바꿨더니 1 ·· 217
생각을 바꿨더니 2 ·· 220

치유버튼(죽음정지)

😄 나쁜 기억 치유하기

어린 시절의 학대 치유하기 ································· 225
어린 시절의 성폭행 ··· 229
어린 시절 부모와의 갈등 ····································· 233
어린 시절의 버림받음 ·· 236
배신 ··· 239
남편의 폭력 ··· 242
가족의 죽음 ··· 246

😊 죽고 싶다면 꼭 눌러 보세요.

제발 아직은 죽지마세요. ………………………………… 251
제발 가짜들 때문에 죽지 마세요. ……………………… 254
당황하지 마세요. ………………………………………… 256
사람들의 비난 때문에 죽으려 한다면 ………………… 258
경제적인 문제 때문에 죽으려 한다면 ………………… 261
모든 것을 끝내고 싶어요. ……………………………… 264
성적 때문에 죽고 싶어요. ……………………………… 267
주변의 기대가 나를 죽이려 해요. ……………………… 269

죄책감 때문에 죽고 싶어요. …………………………… 291
계부모의 학대 때문에 죽고 싶어요. …………………… 294
친구들의 왕따와 학대 때문에 죽고 싶어요. ………… 297
신체장애 때문에 죽고 싶어요. ………………………… 300
반복적으로 자해충동이 일어나요. …………………… 303

에필로그

분노버튼

주변 사람들로 인해 화가 나요.

누군가가 제가 없는 곳에서
나쁜 이야기를 했어요.(무시 당했어요)

누군가 당신이 없는 데서 당신에 관한 나쁜 이야기를 했군요.
당신은 무척 상심을 했을 것입니다.
그리고 당신은 화가 나고, 우울해지고, 상처를 받았을 것입니다.
그리고 큰 자괴감과 분노가 생겼을 것입니다.
그래서 이 정지버튼을 눌렀겠지요.
하지만, 정지버튼을 누르는 순간 당신의 화가 난 감정은 정지되었을 것입니다.
그렇지만, 그것은 일시적인 것입니다.
지금부터는 당신 안의 감정들을 깨끗하게 하는 시간을 가져볼 것입니다.

사람들은 누구나 다른 사람들의 이야기를 하고 싶어합니다.
그런데 안타깝게도 좋은 이야기보다도 나쁜 이야기를 할 때 더 신나합니다.
그것은 재미있게도, 지금 나쁘다고 이야기를 한 사람보다 자신이 더 좋은 사람이기를 바라는 마음 때문에 그렇게 하는 것입니다.
그렇지만, 결과는 참 재미있게도, 다른 사람을 나쁜 사람으로 몰아붙인다고 해도 자신이 그보다 나아지는 것은 아닙니다.
하지만, 사람들은 그것을 알아차릴 수가 없습니다.

그것을 알아차릴 수 있는 유일한 사람은 지금 당신입니다.

당신은 그것이 얼마나 모순된 이야기 인지 알아차리게 되었습니다.

그리고 더 나아가서, 그 사람은 누군가에게 사랑 받고 싶어 하는 불쌍한 사람이라는 사실도 발견할 수 있습니다.

어쩌면, 그 대상이 바로 당신인지도 모릅니다.

그는 당신에게 어떤 식으로든 사랑 받고 싶어하는 사람입니다.

그러므로 그는 불쌍한 사람입니다.

이제 당신이 할 수 있는 일 중에 현명한 일은 바로

그를 용서해 주는 것입니다.

그를 위해서 하는 것이 아닙니다.

바로 당신을 위해서입니다.

그를 용서하는 순간 당신은 누구보다 훌륭하고 편안한 존재가 됩니다.

마음 속으로 이렇게 속삭여 보세요.

"내가 너를 용서하노라"

"내가 너를 용서하노라"

"내가 너를 용서하노라"

그리고 엷은 미소를 띠어 보세요.

당신은 이제 괴로움으로부터 벗어나 자유로워집니다.

잊지 마세요, 당신은 당신이 생각하는 것보다 훨씬 훌륭한 존재라는 사실을 말입니다.

자녀가 제 말을 안 들어요.(어린 자녀)

지금 자녀 때문에 마음이 상했군요.

한없이 사랑스러운 당신의 자녀인데, 어떤 때는 이렇게 당신을 분노하게 만들 수도 있네요.

현명한 당신은 일어난 분노의 불을 초기에 진화하는데 성공하였습니다.

이제부터는 그 불이 다시 일어나 큰불로 번지지 않도록 잔불 정리를 할 차례이군요.

참 순수하고 사랑스러운 아이, 바로 당신의 자녀입니다.

당신은 자녀를 볼 때마다 이렇게 사랑스럽고 예쁜 자녀가 당신에게 큰 축복이라고 느끼는 때가 많았을 것입니다.

당신이 자녀에게 "너는 왜 이렇게 이뻐?"라고 물어보시면, 자녀는 이렇게 이야기 할 것입니다. "그건, 엄마가 이뻐해서 그렇지"라고 말입니다.

네, 맞습니다.

우리는 흔한 착각에 빠지곤 합니다.

내가 아이를 사랑하는 이유가 아이가 예뻐서라고 말입니다.

하지만, 순서가 좀 다릅니다.

당신이 아이를 사랑하기 때문에 예뻐 보인다는 것입니다.

그렇기 때문에 당신의 사랑하는 예쁜 아이를 놀이터에 데리고 가면, 아무도 당신의 자녀들을 당신처럼 예뻐해 주지 않는 것입니다.

그렇다면, 이제 당신이 울고 보채며, 떼쓰고 당신을 화나게 하는 아이를 보면서 미운 마음이 생긴다면, 당신의 아이는 미워질 것입니다.

당신의 마음이 당신의 아이를 만들어 갑니다.

지금 일어난 것은 그냥 감정에 불과합니다.

당신은 몸이 지치고, 그와 함께 마음도 지쳐갑니다. 그래서 그토록 사랑스러운 자녀에게 조차 화가 날 수 있습니다.

하지만, 몸은 지쳐도 마음은 지치지 않을 수도 있습니다.

지금 울고 떼쓰는 자녀를 바라보면서 그 아이가 태어나서 우유 달라고 울던 그때, 기저귀 갈아달라고 울던 그때를 생각해 보세요. 사실은 똑같습니다.

아직 아이입니다. 아이가 당신을 화나게 하는 것은 당신이 아이에게 기대하기 때문입니다.

아무 기대가 없었던 그때처럼 아이를 받아주면서 미소를 지어 보세요.

이렇게 마음속으로 혹은 겉으로 말해보세요.

"그래, 내가 너를 사랑하지"

"그래, 내가 너를 정말로 사랑하지"

"그래, 내가 너를 정말로 많이 사랑하는 엄마지"

라고 말입니다.

자녀가 제 말을 안 들어요. (사춘기 자녀)

당신은 지금 사춘기의 자녀들과 한바탕 전쟁을 치르고 있군요.

그리고 자녀들은 당신에게 상처를 입히거나, 화나게 만들 수 있습니다.

내가 왜 쟤를 낳아서 이렇게 고생을 하나 하는 자괴감이 들 수도 있습니다.

하지만, 당신은 정지버튼을 눌렀고, 이제 남은 감정들도 정리할 수 있게 되었습니다.

사춘기의 자녀들은 지금 몸은 어른이 되어가지만, 정신이 그에 맞게 성장하지 못하기 때문에 갈등을 겪고 있습니다.

이것은 마치 큰 차를 운전하게 된 초보운전자와 같습니다.

어떤 운전자도 자신의 차를 잘 운전하고 싶어합니다.

하지만, 그 기능이 그 차를 운전하는 것에 아직 흡족하지 못할 뿐입니다.

아주 어렸을 때, 아이들이 혼자서 숟가락질을 하려고 밥을 떠 올리지만, 바닥에 모두 떨어뜨리고, 입에 들어갈 때는 아무것도 없는 것과 같습니다.

아이들은 아마도 자신도 어른들이 하는 것처럼, 잘 먹을 수 있을 것으로 생각했을 것입니다. 하지만, 생각처럼 몸이 사용되는 것이 아니죠.

마찬가지로 사춘기의 아이들도 아직 몸이 사용되지 않는 상태에 있습니다.

의식적으로는 모든 것을 알고 있는 것 같지만 작동을 그렇게 능숙하게 할 수 없기 때문에 이미 내적으로 많은 갈등을 겪고 있는 것입니다.

그 갈등이 당신에게까지 다다른 것이지요.

그러니까, 사실은 당신과의 갈등이 아니라, 자신 안에서 일어나는 갈등인 것이지요.

다시 말해서, 당신의 자녀는 당신을 아프게 하고 있다기 보다는 지금 아파서 비명을 지르고 있다는 것입니다.

그에게 필요한 것은 무엇일까요?

네, 맞습니다. 그에게 필요한 것은 그가 지금의 성장통을 잘 이겨내고 몸처럼, 정신도 잘 자랄 수 있도록 도움을 주는 것입니다.

이때, 당신이 마치 자녀를 갈등의 대상으로 생각하게 된다면, 그것은 더 큰 문제를 일으킵니다.

그래서 당신에게 화를 일으키는 자녀에게 혹은 당신 자신에게 속삭일 말씀을 도와드립니다.

"그래, 지금의 네가 진짜 네가 아니라는 사실을 내가 안다"

"그래, 네가 많이 힘들구나, 내가 어떻게 도와 줄 수 있을까?"

"그래, 네가 잘 이겨낼 거야, 나는 너를 믿는다"

그의 싸움이 당신에게 번지지 않도록 하세요. 그래야 그도 그의 불을 스스로 끌 수 있게 됩니다.

친구가 저를 욕했어요.

당신은 지금 친구와 다퉜군요.

당신이 친구를 생각하는 만큼 당신의 상처도 컸을 겁니다.

당신은 친구와의 갈등으로 인해 상처받으면 안 된다는 사실을 알았기 때문에 지금 정지버튼을 누르게 되었습니다.

하지만, 지금부터가 더 중요합니다.

왜냐하면, 과거보다 미래가 더 중요하니까요.

친구는 뭔가 이유가 있어서 당신에게 화를 냈을 겁니다.

그것은 그에게는 매우 타당한 이유이겠지만, 당신에게는 받아들이기 힘든 상황이 되었을 것입니다.

화가 난 이유가 무엇이었건 간에 중요한 것은 그 근본에는 기대가 있습니다.

친구는 당신에게 기대한 무언가가 달성되지 않았기 때문에 화가 난 것입니다.

다시 말하면, 당신에게 사랑 받고 싶었던 친구가 당신에게 사랑 받지 못하자 화가 난 것입니다. 더 재미있는 것은, 당신은 몰랐겠지만 당신 역시 친구에게 기대하고 있었다는 사실입니다.

그래서 우리는 이처럼 사랑 받고자 하는 욕망에 사로잡혀서 서로에게 기대하고 실망하고 상처받으면서 살아갑니다.

이 원리를 깨닫게 되면, 우리는 이 어처구니 없는 상황으로부터 벗어날 탈출구를 보게 됩니다.

그 탈출구는 이렇습니다.

먼저 친구가 화를 내는 것은 당연합니다. 기대는 스스로 일으켜서 스스로에게 상처를 주기 때문에 당신이 그의 화나는 것에 개입할 수 없습니다. 그저 당신은 그에게 "미안해"라고 이야기 해주면 됩니다. 당신은 선뜻 동의하기 힘들지도 모릅니다. 당신이 잘못한 일도 없기 때문이죠. 하지만, 이 "미안해"라는 말은 친구를 위로하기 위해서 하는 말이지 진짜 미안하다는 말이 아니어도 괜찮습니다. 어차피 당신과의 관계로 인해 그가 상처를 입은 것은 분명하기 때문에 당신이 미안한 것도 당연한 일입니다.

그리고 당신 자신에게 이야기 해 주세요. 왜냐면 당신 자신도 지금 친구의 화로 인해 기대가 무너져서 화가 나고 있을 것이기 때문입니다.

그 말은 "괜찮아"입니다

나지막한 목소리로 자신에게 말해보세요.

"괜찮아, 곧 더 괜찮아질 거야"

배우자가 저를 화나게 해요.

당신은 당신의 배우자로 인해 화가 났습니다.

하지만, 지금 당신은 정지버튼을 통해서 그 화를 정지시키는 훌륭한 일을 해내셨습니다. 정말로 대단한 일을 하신 겁니다.

왜냐하면, 당신이 지금 당신의 감정을 정지시키지 않았다면, 당신의 감정이 당신과 당신의 가족까지 송두리째 집어삼켰을지도 모르니까요.

이제 더 행복한 가정을 위해 이 이야기에 귀 기울여 보세요.

당신의 배우자는 당신과 가장 가까운 사람입니다.

당신이 배우자를 만나기 전 가장 가까웠던 사람은 누구입니까? 아마 부모님이나 형제였을 테지요. 그들과의 관계에서는 어땠나요? 그들도 혹시 당신을 화나게 한적이 있나요?

그리고 당신에게 상처를 주기도 했나요?

아마도 그랬을 것입니다.

그렇다면, 우리는 아주 이상한 모순을 만나게 됩니다. 그것은 나와 가까운 사람에게 늘 우리는 상처를 더 받는 다는 것입니다.

그것은 단지 그들과 많은 시간을 보내기 때문만은 아닐지도 모릅니다.

사람들은 자신들의 생각을 남들이 당연히 알고 있을 것이라는 착각을 하기 쉽습니다.

아마 당신은 당신의 마음을 당신의 배우자가 알아주지 못해서 화가 났을 수 있습니다.

그리고 당신의 배우자 역시 당신이 자신의 마음을 알아주지 않기 때문에 화를 냈을 수도 있습니다.

하지만, 한번 깊이 생각해보세요.

당신은 과연 당신의 마음을 알고 있는지 말이에요.

당신의 마음이 무엇을 원하고 있으며, 왜 아프고, 화가 나는지 가만히 생각해보세요.

가만히 생각해도 알기 어려운 그것을 당신의 배우자가 어떻게 알까요?

우리의 삶은 이처럼, 나도 잘 모르는 것을 다른 사람은 알아주어야 한다는 착각 때문에 괴로움을 만들어 낼 때가 많습니다.

마치 철없는 어린아이와 같은 실수를 내가 저질러 버리게 되는 순간이 늘 우리에게 찾아옵니다.

그때 철없는 자신에게 말하세요.

"또 철없이 실수했구나"

그리고 당신의 배우자에게 말해보세요.

"내가 철이 없어서 당신을 화나게 했나 봐, 미안해"

이 말이 당신의 상황에 전혀 맞지 않다고 생각할 수 있습니다. 하지만, 명심하세요. 이 말은 당신의 철없음을 고백하는 말만은 아닙니다.

당신의 배우자가 스스로 자신의 철없음을 보게 하는 말입니다.

당신이 낮추지 않는다면, 누구도 당신에게 낮추지 않습니다.

또한, 당신이 누구를 당신보다 낮게 하기 위해 당신을 낮춘다면, 그것도 성공하기 힘듭니다.

그냥 자신을 성찰해보세요. 그러면, 그 순간 편안한 자신을 만나게 되고, 당신이 편안해지는 순간 당신의 주변 역시 편안해 질 것입니다.

배우자가 저를 속였어요.

당신은 배우자의 배신으로 인해 화가 났군요.

당신은 머릿속이 하얗게 변하고 분노가 머리끝까지 솟구쳤을 겁니다.

하지만 그럼에도 불구하고, 당신은 지금 그것이 당신에게 좋지 않다는 사실을 알고, 정지버튼을 눌렀습니다.

참 현명한 선택을 하셨습니다.

이제 당신을 가두었던 어둠의 동굴을 빠져나가기 위해 한걸음씩 움직여 보겠습니다.

인간을 괴롭히는 가장 큰 위협은 바로 집착입니다.

그 집착 중에 가장 위험한 것은 바로 사람에 대한 집착입니다.

그 사람 중에 가장 위협적인 사람은 바로 배우자 입니다.

그리고 그 배우자에 대한 집착은 사회적으로도 위로 받는 당연한 것으로 여겨지는 것입니다.

하지만, 그 당연한 것이 우리를 가장 가까운 곳에서 위협하고 괴롭힙니다.

사람은 사람이기 전에 동물입니다.

그래서 동물적인 모든 성향을 버릴 수가 없습니다.

모든 동물들은 자신의 냄새를 자랑스럽게 생각하고, 자신의 냄새를 주변에 뿌려댑니다.

하지만, 인간만은 자신의 냄새를 격멸합니다. 그리고 그 냄새를 지우기 위해 애씁니다.

배우자가 당신을 배신했다면, 동물의 행위에 빠진 것입니다.

하지만, 그것 때문에 당신 역시 동물적 분노에 빠지게 됩니다.

이것이 세상의 이치입니다.

과연 누가 먼저 동물로부터 벗어나 인간에 가까워지기 위해 노력할까요?

그것은 자신의 수치, 즉 자신의 동물을 발견하는 사람입니다. 그는 스스로 그것을 부끄러워하고 그곳으로부터 빠져 나오기 위해 애씁니다.

당신은 당신이 저지른 일도 아닌 일 때문에 스스로 동물의 분노에 빠지게 된 불쌍한 사람입니다. 당신은 그 분노에 빠져있으면서, 당신에게는 세가지 선택이 있습니다.

첫 번째는 분노한 동물로서 계속 살아가는 방법과, 두 번째는 그와 헤어지는 방법, 그리고 세 번째는 당신이 먼저 동물에서 벗어나는 방법입니다.

첫 번째는 아무나 하는 선택이고, 두 번째는 동물이 하는 최선의 선택이지만, 꼭 이것이 나쁘다고 이야기 하지는 않습니다. 다만, 근본적인 해결이 되지 않을 뿐입니다.

세 번째는 먼저 당신이 동물의 냄새를 지우는 것입니다. 그것은 그냥 동물로서의 배우자를 바라보고 이해하는 것입니다.

동물은 당연히 그럴 수 있고, 그래도 됩니다.

다만, 당신은 그러면 안되죠. 그렇기 때문에 그에게 기회를 주게 됩니다.

그리고 당신의 진심이 통한다면, 그도 동물의 냄새를 지우고 당신을 다시 만나게 될 것입니다.

동물의 굴레로부터 벗어나는 방법을 택할 수 있는 사람은 자신의 동물적 삶을 바라보는 사람만이 할 수 있는 일입니다.

⑦

부모님이 저를 화나게 해요.(청소년용)

　당신은 부모님 때문에 화가 났군요. 당신은 당신의 끓어오르는 감정을 보게 되었습니다. 그리고 그것이 당신에게 절대로 유익하지 않다는 사실을 알게 되었습니다. 그래서 당신은 현명하게도 정지버튼을 누르게 되었습니다.

　이제 그 정지버튼으로 일시 정지된 감정의 찌꺼기들을 제거해보겠습니다.

　부모님들은 잔소리의 화신들이에요. 늘 잔소리를 해대죠. 그리고 여러분의 감정을 어지럽혀요. 도대체 왜 그럴까요?

　여러분이 아팠을 때, 부모님은 어떻게 했나요? 아마도 뜬 눈으로 밤을 새며 여러분을 눈물로 걱정하며, 밤을 새웠는지도 모르겠네요.

　여러분이 아직 뭘 몰라서 불에다 손을 갖다 대려 했을 때, 여러분의 부모님은 소리를 지르며 뛰어와서 손을 잡아챘을 거에요.

　그러면서 부모님들에게는 걱정이 싹텄을 거에요. 그리고 말귀를 알아듣게 되자 이제는 말로서 여러분이 맞이하게 될 미래들에 대해 여러분에게 이야기하기 시작했을 거에요.

　방 청소를 안 했다며, 밥을 먹을 때는 이렇게 먹으라며, 옷을 입을 때는 이렇게 입으라며, 온갖 잔소리를 여러분께 들려주었을 거에요.

　여러분에게는 듣기 싫은 잔소리이지만, 부모님께는 걱정의 소리네요.

내 자식이 잘 되었으면 좋겠다는 걱정과 기원의 소리네요.

그런데 효과는 별로 없네요.

아무리 잔소리를 해도 꼰대라는 비난만 일어날 뿐,

그리고 당신에게는 화만 일으키는 이상한 결과를 초래하고 마네요.

하지만, 당신이 이 이상한 결과가 일어나는 원리를 알게 되면, 당신에게 이 정지버튼은 훨씬 더 잘 작동 할 것입니다.

부모님도 아직 모든 것을 알 수 없습니다.

그리고 이 원리는 더더욱 알 수 없습니다.

하지만, 여러분은 이제 원리를 알게 되었습니다.

그들이 자신도 모르는 사이에 당신을 사랑하는 방식을 잘못 표현했다는 사실을 말이에요.

이제 당신이 할 수 있는 일은 이런 일일 수 있겠네요.

당신의 부모님이 지금 당신을 화나게 하는 것은 아직 부모님이 뭘 몰라서 그렇다는 사실을 알아차릴 수 있겠네요.

그리고 당신이 그것을 당신의 부모님처럼, 말로서 가르치려 한다고 해도 부모님은 그 말을 알아듣기 힘들 수도 있다는 것을 알아차릴 수 있겠네요.

이제 당신이 할 수 있는 일은, 정지버튼을 누르고 당신의 부모님이 당신에게 베풀었던 감사한 일들 중에 하나를 떠올려 보는 겁니다.

그리고 그 감사를 통해 당신의 분노가 가라앉고 있는 모습을 상상하면서, 스스로에게 말하는 겁니다.

"그래도 부모님이 너를 사랑해서 그런 거야, 니가 원하는 방식이 아니라서 그럴 뿐이야"

그리고 나서 기회가 된다면, 주변의 모든 것들이 차분해 지고 나서 부모님과 대화해 보세요.

부모님 때문에 화가나요.(성인)

당신은 부모님과의 관계 때문에 지금 몹시 화가 났습니다.

하지만, 당신은 부모님께 당신의 분노를 일으키는 대신에, 그것을 슬기롭게 풀고자 정지버튼을 눌렀군요.

환영합니다.

현명하고 지혜로운 당신과 함께, 당신의 아름다운 세상을 탐험해 보겠습니다.

어린아이가 고집을 부리듯이 나이가 많아지면 고집이 쎄질수 있습니다.

그러니까, 나이가 많아지면, 어린아이가 되어간다는 말이 딱 맞는 말이라고들 합니다.

사람들은 나이가 많아질수록 많은 두려움과 문제를 안고 살아갑니다.

자신이 원하건 원하지 않건 간에, 우리는 죽음을 향해 달려가는 가련한 존재들입니다.

그들은 부모가 되는 순간, 자신들이 가진 모든 소중한 가치들을 자녀들을 위해 쓰게 되었습니다. 어렵게 벌어 모은 재산을 자녀들의 학비에 아낌없이 받쳤고, 자신들이 편안하게 즐길 수면의 시간들을 자녀들의 기저귀 가는 시간에 사용하면서도 불평하지 않았고, 자녀를 업고 땀을 뻘뻘 흘리며, 병원을 향하는 아빠의 역할도 기꺼이 받아들였습니다. 어떤 부모는 자녀들을 위해서 자신의 목숨을 버리는 것도 우리는 보았습니다. 그리고 그런 일이 그냥 평범한 부모에게 닥쳐도 그 부모도 그렇게 할거라는 사실을 우리는 알고 있습니다.

자신들이 가진 것, 모두를 아낌없이 주었던 그 부모가 이제 당신에게 다 주고 남은 것이라고는 고집밖에 없어서 그것을 부리고 있습니다.

주름은 깊게 패고, 기력은 쇠해서 죽음으로 가는 그 부모가 당신에게 '사랑해 달라'며 손짓을 합니다.

당신이 해야 할 일은 무엇일까요?

당신에게 일어난 그 일이 무엇인지 그리 중요하지 않습니다.

이야기로 들으면, 얼마나 합리적인 이야기들일까요?

그리고 그 이야기의 악역은 당신의 부모일 것입니다.

하지만, 그 이야기의 기간을 늘려보세요.

당신이 태어난 그 시점으로, 그러면 이야기는 달라집니다.

당신은 그토록 고귀한 사랑을 받고도 고작 늙어가는 부모의 마음 하나도 못 살핀 부족한 사람이 될 수도 있습니다.

당신을 화나게 한 부모를 보지 말고, 당신을 죽도록 사랑한 그를 보세요.

그 순간 당신의 마음에 남아 있는 분노의 감정들이 모두 사라지게 될 것입니다.

그리고 말해보세요.

직접 말하기 부끄럽다면, 혼자라도 속삭여 보세요.

"엄마, 아빠, 사랑해요"

오해를 받아서 화가나요.

　당신은 지금 당신의 의도와 다른 오해를 받아서 몹시 괴롭군요.
　하지만, 당신은 그 오해로 인해 스스로를 해치는 대신에 정지버튼을 눌렀습니다.
　이제 당신은 그 오해로 인한 괴로움보다 더 큰 기쁨을 만나게 될 것입니다.

　사는 동안 누구로부터 오해를 받는 다는 것은 정말 견디기 힘든 괴로움이 됩니다.
　하지만, 자세히 들여다 보면, 그것이 그리 큰일이 아니라는 사실을 발견하게 될지도 모릅니다.
　오해 때문에 괴로워하는 당신을 탐구해 봅니다.
　오해라고 하는 것은 당신의 상대방이 당신에 대해서 잘못 생각하고 있다는 것입니다.
　잘못 생각하고 있는 상대방 때문에 당신에게는 어떤 일이 생기나요?
　당신에게는 예기치 않은 분노와 절망 같은 것들이 생겨날 것입니다.
　그러면, 당신에게 좋지 않은 일이 생겨나는데, 그의 오해 때문인가요? 아니면, 그 오해를 생각한 본인 때문인가요?
　사실은 그의 오해에 대해서조차 우리는 실체를 찾을 수가 없습니다. 다시 말해서 진짜로 그가 당신이 생각하고 있는 것과 같은 오해를 하고 있지 않을 수도 있는데, 당신은 그가 오해를 하고 있다는 생각 때문에 더 괴롭다는 것입니다. 그러니까 결과적으로 당신이 괴로운 것은 그의 오해가 아니라, 당신의 생각이라는 것입니다.

　당신은 당신에 대해서 그가 잘못 생각하고 있다는 생각 때문에 점점 더 잘못되어 간다는 사실을 깨달아야 합니다.

　당신이 바로잡을 수 있는 것은 오직 당신의 생각밖에는 없습니다.

　당신의 생각이 바로잡힐 때 비로소, 당신이 바로잡히고, 그 오해도 바로 잡을 수가 있습니다.

　당신이 화내고, 이성을 잃게 되면, 더 큰일이 생길 수도 있습니다.

　당신이 생각을 바로 세워도 오해가 바로잡히지 않을 수도 있다는 생각이 있다면 그 생각을 버려야 합니다.

　진짜 큰 오해는 당신 스스로에게 있는 것입니다.

　당신이 당신에 대해서 제대로 모르는 것이야 말로 가장 큰 오해입니다.

　우리는 남의 생각을 생각하는 능력 때문에 늘 망상에 사로잡혀 살아갑니다.

　당신이 중심을 잡고 있어야 타인과의 오해도 풀리고, 관계도 회복됩니다.

　그것이 진짜 행복입니다.

　당신이 먼저 행복해야 주변이 행복해 집니다.

부모님이 왜 나를 낳았는지 화가 나요.

당신은 지금 마음이 불안하고, 이유를 알 수 없는 화가 나고 있군요.

모든 것이 귀찮고, 싫고, 살아야 할 이유가 없다는 생각도 일어날 것입니다.

그리고 불안하고 불편할 것입니다.

그래서 당신은 이 정지버튼을 누르고 그것으로부터 벗어나고자 합니다.

지금부터 당신 안의 분노를 던져버리는 시간을 가져볼게요

우리는 어디로부터 왔을까요?

내 어머니나 내 아버지로부터 왔을까요?

그렇다면, 내 부모님이 없었을 때 나의 존재는 무엇이었을까요?

존재에 대해서 생각을 거듭하다 보면, 우리는 빅뱅의 순간을 떠올릴 수밖에 없을지도 모릅니다. '빅뱅'이란 '한 점이 있었고, 그것이 터지면서 우주가 생성되었다'고 보는 과학이론입니다. 그리고 집요한 과학자들은 그 증거들을 대부분 찾아냈고, 그것을 받아들이지 않는 우주론자는 없는 형편에 이르렀지요.

그러니까 결론적으로 우리는 원래 하나였네요.

당신은 부모님께 당신을 왜 낳았냐고 소리치고 싶어합니다. 그만큼 당신은 당신의 삶이 만족스럽지 않은 것입니다. 하지만, 모두가 당신과 같지 않은 것을 보면, 결국 당신이 맘에 들어 하지 않는 것은 세상이 아니

라, 당신 자신일 것입니다.

당신은 당신이 원하지도 않았는데 당신을 이세상에 태어나게 한 부모에 대해 원망을 해보지만, 지금 당신의 모습을 당신의 부모님만 만들지는 않았다는 사실을 당신은 알고 있습니다.

당신의 부모 역시 선택으로 태어난 것이 아니기 때문에 결국 당신이 원망하는 것은 빅뱅의 순간까지 거슬러 올라가야 할지도 모릅니다.

당신은 모든 것을 남의 탓으로 돌리고 싶을지도 모릅니다. 하지만, 지금 이 순간들이 모여 당신의 과거와 미래를 만들어간다는 것을 당신은 알고 있습니다.

그리고 지금 이순간을 통제하는 능력은 오직 당신에게 밖에는 없다는 사실도 당신은 알고 있습니다. 지금 이순간, 누군가는 부정을 바라보며, 자신의 세상이 쓰레기장이라고 표현할 수도 있고, 누군가는 긍정을 바라보며, 자신의 삶 속에서 희망과 행복을 바라볼 수도 있습니다.

당신을 사랑하는 부모님은 당신에게 이렇게 말하고 싶었을지도 모릅니다.

"나도 너를 선택해서 낳지 않았다"고 말입니다.

하지만 당신은 그 말을 듣지 않았을 것입니다. 그리고 당신의 부모 또한 그것을 말하지 않았을 것입니다. 왜냐하면, 그것은 욕망에 정복된 바보 같은 이기주의자들의 언어이기 때문입니다.

이제 당신은 그 생각들을 정지시키고, 지금 당신의 삶을 당신이 만들어가야 합니다. 지금이 시작입니다. 늘 시작점은 지금입니다.

정지버튼은 시작의 버튼입니다.

이 정지버튼은 당신이 남들에게 그리고 부모님에게 돌렸던 책임을 온전히 자신의 것으로 가져오게 하고, 지금 이순간을 찬란하게 빛나게 만들 방법들이 당신의 훌륭한 뇌로부터 나오게 하는 역할을 하는 소중한 장치 입니다. 이 정지버튼을 눌러보세요.

당신의 지금까지의 삶은 정지되고 새로운 삶이 시작됩니다.

따돌림 때문에 화가나요.

당신은 지금 따돌림을 당해서 마음이 불편하고, 화가 나고 있군요.
당신을 위로합니다.
하지만, 당신은 이 정지버튼을 누르고 그것으로부터 벗어나고자 합니다.
지금부터 당신 안의 화를 누그러뜨릴 시간을 가져보겠습니다.

학교나 직장에서 당신을 따돌리는 사람들에게는 그 나름대로 이유가 있을 것입니다.
어떤 이유는 당신이 좀 특별해서 일수도 있습니다.
혹은 그들이 그냥 아무 이유 없이 그렇게 하다가 그런 결과를 맞이했을 수도 있습니다.
그들은 당신을 따돌리고 자신들끼리 한편이 되어 당신에 대해서 속닥거릴 수 있습니다. 그러한 모습들은 당신에게 상처를 주고 당신을 견딜 수 없이 만들 것입니다.
하지만, 자세히 들여다 보세요.
그들이 당신을 따돌렸다고 해서 당신에게 진정으로 해를 끼칠 수는 없습니다.
당신은 오히려 그런 사람들과 어울려 또 누군가에게 상처 주는 일을 하는 쓸데없는 수고를 하지 않을 것이기 때문에 많은 시간이 생길 것입니다.

그리고 그 시간들은 당신으로 하여금 훨씬 더 유익한 성장의 기회를 갖게 할 것입니다.

이제 당신이 보아야 할 것은 그들이 아니고 당신 자신입니다.

그렇지만, 당신은 외롭고 괴로울 것입니다.

그래서 두 가지 방법을 당신에게 제시합니다.

첫번째 방법은

그들 중 적어도 한 사람, 제일 당신에게 적대적이지 않은 사람에게 다가가는 것입니다.

그리고 그와 친구가 되어 보세요. 그러면, 당신은 이제 그 집단의 집단 따돌림 속에서도 한 명의 친구가 생기게 됩니다.

그것은 마치 당신이 잠에서 가위에 눌렸다가 손가락 하나를 스스로 움직일 수 있을 때 가위에서 깨어나는 것과 비슷한 이치입니다.

당신은 그와 친구가 되어 그 따돌림의 철옹성을 부셔버릴 수 있습니다.

하지만, 이것은 시작에 불과합니다.

당신은 그 따돌림 덕분에 세상을 살아가는 훌륭한 방법을 터득할 수 있을 것입니다.

두 번째는 당신 스스로에게서 개선점이 있는지 점검해보아야 합니다.

그들의 이유가 나름의 합리성을 가지고 있다는 전제하에 당신 스스로를 바라볼 필요도 있습니다.

당신의 어떤 면이 그들에게 당신을 따돌릴만한 이유를 주었는지 생각해보세요.

그리고 그것이 당신 스스로가 생각해도 좀 고쳐야겠다는 생각이 들었다면, 당신은 그들에게 고백하는 것도 좋습니다. 그리고 그들의 협조를 받는 것도 좋습니다.

예를 들어,

"제가 사람들 말을 들을 때 경청을 좀 못하는 것 같아요. 그래서 많이 노력을 하는데, 그래도 오래된 습관이라 잘 안 될 때가 많아서 여러분들에게 불편함을 주었던 것 같아요. 그래서 제가 노력하는 동안, 또 제가 그렇게 느껴지신다면, 저에게 말씀해주세요. 그러면 제가 조금씩 고쳐갈게요" 라고 말입니다.

이렇게 자신의 부족함을 드러내는 순간 사람들은 당신을 따돌림의 대상이 아니라, 자신들이 도움을 주어야 하는 대상으로 인식하게 됩니다.

당신은 이 정지버튼을 당신을 교정하는 도구로 사용해도 괜찮습니다.

정지버튼을 누를 때마다 따돌림으로부터 일어난 화를 진정시키기도 하지만, 당신 스스로를 바로잡는 도구로도 활용해 보세요.

비교당해서 화가나요.

당신은 지금 누군가와 비교당함으로 인해 화가 났습니다.

하지만, 지금 당신은 정지버튼을 통해서 그 화를 정지시키는 훌륭한 일을 해내셨습니다.

정말로 대단한 일을 하신 겁니다.

왜냐하면, 당신이 지금 당신의 감정을 정지시키지 않았다면, 당신은 스스로 불행의 늪에서 빠져나오기 힘들었을테니까요.

이제 더 행복한 삶을 위해 이 이야기에 귀 기울여 보세요.

당신은 왜 비교당하면 기분이 나쁠까요?

그 이유는 당신은 비교의 대상이 아니기 때문입니다.

당신은 당신 스스로 오롯이 그 존재이며 고귀한 사람입니다.

당신이 태어났을 때 부모님은 당신을 누구와도 비교하지 않고 독립적이고 존귀한 존재로써 사랑을 베풀어주셨고, 성장을 도왔을 것입니다.

그런데 점점 성장하면서, 부모님들은 주변의 다른 아이들을 보게 됩니다. 그리고 다른 아이들에 비해 당신이 잘하는 것 보다 주변아이에 비해 당신이 더 못하는 것을 당신에게 이야기 하게 됩니다. 그 이유가 무엇일까요?

그것은 주변아이들 보다 당신이 더 특별한 존재가 되기를 바라는 마음 때문입니다.

부모님은 당신이 태어날 때 이미 특별한 존재였다는 것을 알고 있기 때문에 그것이 다른 사람들에게도 그렇게 인식되기를 바라는 마음이 내재되어 있습니다.

그래서 이미 그전에도 그렇고 지금도 그렇고 앞으로도 특별할 당신에게 특별한 것을 요구하는 순간, 부모님 스스로가 그 특별함을 보는 눈이 어두워지게 되는 매우 이상한 일이 생기게 됩니다.

이것은 비단 부모님만 가지고 있는 문제가 아닙니다.

사람들은 그 개개인이 모두 특별합니다. 이 특별한 존재들은 특별한 능력이 있는데, 하나는 스스로를 특별한 존재로 인식하는 능력과, 또 하나는 다른 사람들에게서 훌륭하지 못한 것을 찾아내는 능력입니다.

자신들을 특별한 존재로 인식하는 사람은 다른 사람들에게서 보이는 부족함을 보고 자신을 성찰하면서 특별한 존재가 되어갑니다.

하지만, 다른 사람들의 훌륭하지 못한 모습을 보는 능력을 마음껏 사용하는 사람은 매번 타인을 비판하고 비난하며 스스로 부족한 존재로 전락해 갑니다.

당신은 이 맥락을 모르기 때문에 이런 함정 속에서 괴로워합니다.

이제 당신은 정지버튼을 누름으로써, 여기로부터 벗어날 수 있게 됩니다.

당신을 비교하는 부모님이나 주변의 사람들은 당신을 특별한 존재로 만들기 위해 애쓰며 자신을 해치고 있는 불쌍한 사람들입니다.

또한 당신이 깨어있기만 하다면, 그들은 또한 당신이 스스로를 특별한 존재로 깨우치게 도와주는 은인 같은 분이기도 합니다.

당신이 비교당했을 때 화가 나는 이유는 당연했습니다.

당신은 특별한 존재이기 때문에 비교당하면 안 되는 것입니다.

하지만, 또한 당신은 이미 특별한 존재이므로 비교 때문에 화가 나거나 하면 안 되는 존재입니다. 당신이 화를 내는 순간 당신은 그냥 보잘것 없는 존재로 전락하게 됩니다.

정지버튼으로 당신을 지켜나가세요.

부당한 대우에 화가나요.

당신은 다른 사람들이 당신을 부당하게 대하는 일로 인해 화가 났습니다.

하지만, 지금 당신은 정지버튼을 통해서 그 화를 정지시키는 훌륭한 일을 해내셨습니다.

정말로 대단한 일을 하신 겁니다.

왜냐하면, 당신이 지금 당신의 감정을 정지시키지 않았다면, 당신은 당신의 삶을 불행으로 가득채우고, 불행한 삶으로 남은 나날을 보내며 당신의 세상을 온통 불행에 빠뜨릴테니까요.

이제 더 행복한 삶을 위해 이 이야기에 귀 기울여 보세요.

부당한 대우를 받았다는 것은 매우 화가 날 일입니다.

하지만, 좀더 깊이 생각해보면, 좀 이상한 일일 수 있습니다.

당신은 당신이 당연히 받아야 할 대우가 있다고 생각했을 것입니다.

그것은 사회적 통념 안에서는 충분히 그럴 수 있는 일이고, 예전에도 그랬고, 지금도 그런 아주 당연한 일일 수 있습니다.

하지만, 당신에게 화가 나는 것은 꼭 그래야만 하는 일인가요?

혹은 그 화로 인해 당신은 좀더 행복해졌나요?

혹은 당신이 화를 내는 것으로 그것이 해결될 수 있나요?

아이가 장난감을 사주지 않는다고, 떼를 쓰고 땅바닥에 드러누워 소리를 지르며 떼를 쓰는 것과 무엇이 다른가요?

당신이 부당한 대우를 받았다고 생각한다면, 정당한 대우가 있을 것입니다.

어떤 대우가 당신에게 정당한 대우인가요?

혹시 그것보다 더 좋은 대우를 해준다면 당신은 기분이 좋겠죠?

그런데, 누군가에게는 더 좋은 대우를 해주면서, 당신에게는 그냥 정당한 대우를 해주었다면, 당신은 그것을 정당하다고 받아들일 수 있을까요?

당신이 대우를 요청하는 순간 당신은 "을"의 존재가 됩니다.

당신은 우는 아이처럼, 다른 사람이 당신을 대우 해줘야 한다는 생각 때문에 다른 사람에게 당신의 주체권을 반납한 채 괴로워합니다.

왜 당신에게 정당한 대우도 안 해주는 사람 때문에 당신의 소중한 삶을 비참하게 만드나요?

당신은 그가 어떤 대우를 하는가와 관계없이 소중한 사람입니다.

당신은 원래부터 소중하고 특별한 존재입니다.

그렇기 때문에 화낼 일이 아닙니다.

화가 난다는 것은 이상한 일입니다.

그는 당신에게 당신이 얼마나 소중한 존재이며, 훌륭한 사람인지 깨닫게 하기 위해, 당신이 정지버튼을 누르게 한 은인입니다.

당신은 이제 이 정지버튼을 누르고 새로운 생각을 일으킵니다.

그리고 그 새로운 생각으로 당신은 새로운 존재가 됩니다.

정지버튼은 당신이 새롭게 태어나도록 하는 마법의 버튼입니다.

⑭ 공감 없이 충고/조언/비판/평가하는 사람 때문에 화가나요.

　당신은 누군가 당신에 대해 충고하거나 비판하는 사람으로 인해 화가 났습니다.
　하지만, 지금 당신은 정지버튼을 통해서 그 화를 정지시키는 훌륭한 일을 해내셨습니다.
　정말로 대단한 일을 하신 겁니다.
　왜냐하면, 당신이 지금 당신을 향해 충고하거나 비판하는 사람에 대한 당신의 감정을 정지시키지 않았다면, 당신은 그들에 의해서 더욱더 훼손 당하게 되었을 테니까요.
　이제 더 행복한 삶을 위해 이 이야기에 귀 기울여 보세요.

　우리는 흔히 삶 속에서 우리에게 충고하거나, 비판하거나, 당신을 평가하는 사람들을 만나게 됩니다.
　그런 사람들을 만날 때마다 우리는 불편한 생각이 들고, 심할 때는 지금 당신처럼 화가 납니다. 하지만, 모두가 그냥 화를 내고 말 때 당신은 뭔가 이상하다는 사실을 깨닫고 정지버튼을 눌렀습니다. 참 훌륭한 일입니다.
　당신에게 정지버튼을 누르게 한 사람은 왜 그런 행동을 하게 될까요?
　모든 인간들의 공통점 중의 하나는 다른 사람의 인생에 관여하고 싶어한다는 것입니다.

자신의 삶을 바로 세우고, 점검하는 일은 매우 어려운 일이지만, 다른 사람들의 삶에 간섭하는 일은 사실 아무나 하는 일입니다.

그렇다면, 왜 타인의 삶에 간섭하는 일은 무척 쉬울까요? 그것은 자신의 잘못을 보는 것은 매우 어렵지만, 타인의 잘못을 보는 것은 매우 쉬운 일이기 때문입니다.

그것은 거울을 예로 들면 아주 쉽게 이해할 수 있습니다.

우리는 자신의 모습을 바라보기 위해서 거울을 쳐다보아야 합니다.

하지만, 거울을 매번 볼 수는 없죠. 그런데, 타인의 모습은 그냥 바로 보입니다.

그래서 훨씬 더 자세히, 더 자주 그 모습을 볼 수 있습니다.

그리고 그것을 바로잡고 싶어합니다.

하지만, 그 일을 성공한 예는 찾기 어렵습니다.

왜냐하면, 사람의 마음은 지적을 당하는 순간 반발이 생기도록 되어 있기 때문입니다.

그러므로, 충고나 비판으로는 누군가를 교정할 수 없습니다.

아니, 다른 것으로도 누구도 교정할 수 없습니다.

오직 교정이 가능한 것은 바로 자신 뿐입니다.

그러므로, 다른 사람의 결점을 보고 자신을 가다듬는 사람이야 말로 최고의 존재입니다.

또 하나 재미있는 사실을 알려드리면,

당신은 누군가에게 충고를 받게 되면, 화가 나기도 하지만, 마음속으로 이런 생각이 듭니다.

"너나 잘하지"라는 충고의 생각 말입니다.

혹은 비판을 받게 되면, 또 이런 생각이 듭니다.

"너는 비판하는 게 문제야"라는 비판의 생각 말입니다.

이처럼, 인간의 마음은 오묘합니다.

가르침을 받게 되면, 가르치지 말라고 가르치고 싶은 생각이 일어나고, 비판을 받으면, 비판하지 말라고 비판하는 생각이 일어납니다.

그러므로 우리의 사회는 서로를 손가락질 하고 비난하며, 할퀴고, 상처내는 데에 급급하게 변해간 것입니다.

이것을 멈출 수 있는 것은 오직 당신, 그리고 당신이 누른 이 정지버튼입니다.

당신은 이 정지버튼으로 당신의 안의 비판의 마음을 정지시키고, 충고의 마음을 정지시키고, 자신을 바라봅니다. 그리고 당신에게 말해봅니다.

"그래, 그의 말이 맞다. 참 좋은 말이다. 나를 위해 저렇게 애써 주다니 참 고맙다."

라고 말입니다.

이성적으로 납득이 안 되도 괜찮습니다. 그냥 그렇게 말하세요.

그러면, 그렇게 됩니다.

선생님 때문에 화가나요.

당신은 지금 선생님 때문에 화가 났습니다.

하지만, 지금 당신은 정지버튼을 통해서 그 화를 정지시키는 훌륭한 일을 해내셨습니다.

정말로 대단한 일을 하신 겁니다.

왜냐하면, 당신이 지금 당신의 감정을 정지시키지 않았다면, 당신은 당신의 삶의 주인으로 당신을 화나게 한 선생님을 모신 것이 될테니까요.

이제 더 행복한 삶을 위해 이 이야기에 귀 기울여 보세요.

세상에 훌륭한 선생님이 있을까요?

세상에 훌륭한 선생님은 없습니다.

왜냐하면, 아무리 훌륭하다는 선생님 밑에도 이상한 학생들이 있습니다.

그리고 아무리 이상한 선생님 밑에도 훌륭한 학생이 있습니다.

선생님이 중요한 것이 아니라, 학생이 중요합니다.

하지만, 훌륭한 선생님 밑에는 훌륭한 학생이 나올 가능성이 높아집니다.

그리고 이상한 선생님 밑에는 이상한 학생이 나올 가능성이 높습니다.

그것은 2:6:2의 법칙 때문입니다.

앞선 2는 어떤 선생님 밑에서도 훌륭한 학생입니다.

그리고 뒤의 2는 어떤 선생님 밑에서도 이상하게 될 수 있는 학생입니다.

하지만, 중간의 6은 훌륭한 선생님을 만나 훌륭한 지도를 받게 되면 훌륭하게 될 확률이 높지만, 이상한 선생님을 만나게 되면 이상하게 될 확률도 높습니다.

당신은 어디에 속해 있나요?

아마도 인정하기 싫겠지만, 당신은 그 전에는 6에 머물고 있었을 것입니다.

그렇기 때문에 선생님 때문에 화가 났겠지요.

하지만, 정지버튼을 누르는 순간 당신은 앞의 2로 옮겨왔습니다.

당신은 당신의 삶이 누구를 만나느냐에 따라 결정되는 것이 아니라, 당신 스스로 결정할 수 있다는 사실을 깨닫고 지금 정지버튼을 누른 것입니다.

6에 속한 사람들은 운명에 따라 살아갑니다.

좋은 사람을 만날 때는 좋은 사람이 되고, 나쁜 사람을 만날 때는 나쁜 사람이 됩니다. 하지만 참 불쌍하고 불행하고 불안한 삶입니다.

그래서 늘 물안에 떨면서 삶을 살아살 수노 있습니다.

하지만, 당신은 스스로 훌륭한 학생이 되기를 선택하였습니다.

훌륭한 학생은 어떤 선생님을 만나도 훌륭하게 됩니다.

좀 부족하고, 화가 많은 사람을 만나도, 그는 자신에게 이롭게 그를 이해합니다.

그의 부족함이나 분노에 물들지 않습니다.

그렇기 때문에 당신은 당신의 운명의 주인이 됩니다.

당신이 정지버튼을 누르는 순간 당신은 당신의 운명의 주인으로서 삶을 시작하게 된 것입니다.

진정한 자신을 만나는 순간 당신의 삶은 다시 시작합니다.

나 자신 때문에 화가나요.

괜히 화가나요.

당신은 지금 마음이 불안하고, 이유를 알 수 없는 화가 나고 있군요.
몸에서는 열이 날 수도 있고, 얼굴이 붉어질 수도 있습니다.
그리고 불안하고 불편할 것입니다.
그래서 당신은 이 정지버튼을 누르고 그것으로부터 벗어나고자 합니다.
지금부터 당신 안의 화를 누그러뜨릴 시간을 가져보겠습니다.

사실 괜히 화가 나는 일은 없습니다.
뭔가 이유가 있었겠지요.
하지만, 그 이유가 구체적인 것이 아니라 매우 복합적인 이유들일 경우가 많습니다.
다시 말해서, 직접적인 원인이 되는 하나의 큰 이유가 있는 것이 아니라, 소소한 여러 가지 이유들이 겹쳐서 당신을 화나게 했을 수 있습니다.
그렇다면, 이렇게 생각해볼 수 있겠네요.
'당신을 화나게 할만한 큰 이유는 없다" 라고요.
그렇다면, 당신은 두 가지를 할 수 있습니다.
하나는 오늘 하루를 돌아보며, 혹은 최근의 일들을 돌아보며, 그 일들 하나하나에 집중해 보는 것입니다.
그리고 그것들이 별일 아닌 일이었다는 사실을 깨닫고 그 일들을 당신의 머릿속에서 지워버리세요. 그렇게 하나씩 지워나가는 동안 당신은 당신도 모르는 사이에 평온함을 만날 수도 있습니다.

하나씩 떠올리는 동안 당신이 그 일을 마무리 하는 생각은

"음, 그거 별일 아니야"라고 하면서 마무리 하세요.

그러면 그 일들이 당신을 더 괴롭히지 않을 겁니다.

그리고 두 번째 할 수 있는 일은

감사했던 일을 떠올려 보는 것입니다.

오늘 하루 감사했던 일을 떠올리면서 눈을 감아 보세요.

당신에게 따뜻하게 인사했던 누군가의 미소를 떠올리며,

"참, 고마운 사람이야"라고 생각하면서 눈을 감고, 그 고마운 마음의 빛을 상상해 보세요.

그리고 그 빛이 당신의 온몸에 퍼져나가는 모습을 상상해 보세요.

그 빛이 당신 온 몸의 구석구석에 남아있는 부정적인 쓰레기들을 날려버리는 상상을 해보세요.

그리고 그 빛이 당신의 머릿속으로 비추는 모습을 상상해 보세요.

그리고 그 빛이 당신의 머릿속의 부정적인 생각들을 날려버리는 모습을 상상해 보세요.

당신은 온몸이 빛으로 변하며, 세상에서 가장 아름다운 존재가 됩니다.

그것이 진짜 당신입니다.

게으른 저 자신에게 화가나요.

당신은 지금 게으른 당신을 보았습니다. 그리고 그것으로 인해 속상하고, 자괴감이 들어서 정지버튼을 눌렀습니다.

하지만, 이것은 매우 축하할 일입니다.

왜냐하면, 많은 사람들은 자신의 게으름을 보지 못합니다.

지금부터, 우리는 당신이 얼마나 훌륭한 존재인지, 그리고 더 훌륭해지기 위해서 무엇을 해야 하는지를 알아보겠습니다.

당신은 아마, 오늘도 지각을 하거나 해야 할 일을 미루다가 낭패를 보았을지도 모릅니다. 그래서 스스로에게 자괴감이 들고, 다른 사람들 보다 뒤쳐진다는 생각을 했을지도 모릅니다.

하지만, 너무 걱정하지 마세요.

당신이 정지버튼을 누르는 순간부터 달라지게 되었으니까요.

뭐가 달라졌냐고요?

자신의 게으름을 볼 수 있는 사람은 당신이 생각하는 것처럼, 그리 흔하지 않습니다.

자신에게 일어나는 부정적인 일들은 당연하고, 팔자 탓으로 자신의 운명을 돌리는 경우가 더 많지요. 하지만, 당신은 팔자에 기대지 않고, 자신의 운명의 개척자처럼, 그 원인을 자신에게서 찾은 아주 훌륭한 시도를 하였습니다.

당신에게 일어난 부정적인 결과들의 책임을 자신에게서 찾는 순간부터 진짜 삶이 시작됩니다. 당신은 이제 진짜 삶을 시작하게 된 것입니다.

정지버튼은 사실은 정지버튼이면서 시작버튼입니다.

이제 당신에게는 새로운 삶이 시작될 것입니다.

그 새로운 삶의 시작을 위해서 그 동안의 삶을 정지시킨 것입니다.

그 동안의 삶에 대해서는 오직 반성과 교훈으로 밖에 사용처가 없습니다. 이제부터의 삶은 그야말로 새로운 삶이 시작됩니다.

하지만, 방법을 찾아야 됩니다.

과거의 삶을 마감하고, 새로운 삶을 살아갈 방법 그것을 위해서 당신에게 추천합니다.

당신의 게으름 일기를 써보세요.

만약 당신이 늦잠을 잔다면, 그것은 당신이 자는 중에는 일찍 일어나는 선택을 하기는 매우 어렵지만, 깨어있을 때, 좀더 일찍 자는 일을 할 수 있을 것입니다.

그래서 잠에 드는 시간을 10분만 당겨보세요. 그것도 힘들면 1분만 당겨보세요. 그리고 매일 1분씩 당겨보세요. 처음부터 욕심내지 말고, 조금씩 조금씩 개선해 보세요.

그리고 그것을 일기로 써보세요. 혹은 친구에게 챙겨봐 달라고 부탁하는 것도 좋은 방법입니다.

당신이 뭔가 미루는 습관이 있다면, 그것을 게으름일기에 써보세요. 그 순간 미루는 습관이 보이게 될 것이고, 보이는 것은 통제될 수 있게 됩니다.

이처럼, 혹은 이보다 더 좋은 방법을 찾아서 하나씩 실천해 보세요.

그러는 동안 당신은 당신의 게으름과 이별할 수 있을 겁니다.

부정적인 저 자신에게 화가나요.

　당신은 지금 부정적인 당신을 보았습니다. 그리고 그것으로 인해 속상하고, 자괴감이 들어서 정지버튼을 눌렀습니다.
　하지만, 이것은 매우 축하할 일입니다.
　왜냐하면, 많은 사람들은 자신의 부정적인 것을 보지 못합니다.
　지금부터, 우리는 당신이 얼마나 훌륭한 존재인지, 그리고 더 훌륭해지기 위해서 무엇을 해야 하는지를 알아보겠습니다.

　당신은 아마, 누군가를 험담하거나, 혹은 다른 사람들의 단점들을 보고 비판하다가 스스로 생각하기에 혐오감이 들거나 낭패를 보았을지도 모릅니다. 그래서 스스로에게 사괴감이 들고, 그것이 당신의 삶에 전혀 도움이 되지 않는다는 생각을 하게 되었을 것입니다.
　하지만, 너무 걱정하지 마세요.
　당신이 정지버튼을 누르는 순간부터 달라지게 되었으니까요.
　뭐가 달라졌냐고요?
　자신의 부정적인 부분을 볼 수 있는 사람은 당신이 생각하는 것처럼, 그리 흔치 않습니다.
　자신에게 일어나는 부정적인 일들은 당연하고, 팔자 탓으로 자신의 운명을 돌리는 경우가 더 많지요. 하지만, 당신은 팔자에 기대지 않고, 자신의 운명의 개척자처럼, 그 원인을 자신에게서 찾은 아주 훌륭한 시도를 하였습니다.

당신에게 일어난 부정적인 결과들의 책임을 자신에게서 찾는 순간부터 진짜 삶이 시작됩니다. 당신은 이제 진짜 삶을 시작하게 된 것입니다.

정지버튼은 사실은 정지버튼이면서 시작버튼입니다.

이제 당신에게는 새로운 삶이 시작될 것입니다.

그 새로운 삶의 시작을 위해서 그 동안의 삶을 정지시킨 것입니다.

그 동안의 삶에 대해서는 오직 반성과 교훈으로 밖에 사용처가 없습니다. 이제부터의 삶은 그야말로 새로운 삶이 시작됩니다.

하지만, 방법을 찾아야 됩니다.

부정적이라는 것은 비판적인 것과 맞닿아 있습니다.

비판적인 시각은 사실은 아주 날카로운 시각이며, 주변으로부터 칭찬받을 수 있는 좋은 관점이기도 합니다.

하지만, 이 좋은 능력이 또한 부정적인 것들을 끌어 모으는 역할을 하기도 하니 참 아이러니 합니다.

게다가 이 능력은 거의 대부분의 사람들이 예리하게 다 가지고 있습니다. 그래서 아무리 이상한 사람도 남의 아주 조금 이상한 것을 알아보는 눈이 있는 것입니다.

하지만, 이 예리한 눈을 다르게 사용하는 사람들이 있습니다. 그 사람들은 우리들이 익히 잘 알고 있는 존경 받는 사람들입니다.

그들은 그 냉철한 눈을 남을 보는데 사용하기보다, 자신을 다듬는데 사용합니다.

그것이 바로 성찰의 능력입니다.

당신은 이미 이 능력을 가지고 있고, 그것 때문에 정지버튼을 눌렀다면, 이제 그 능력을 당신에게 사용해 보세요.

그러면 세상이 달라지고, 당신 역시 달라질 것입니다.

그러기 위해서 두 가지 방법을 제시합니다.

하나는 "너나 잘하세요"라는 언어를 자신에게 늘 사용하는 것입니다.

두 번째는 부정이 일 때마다 정지버튼을 누르고 거울을 보고 그 속에서 남에게서 보았던 부정을 자신에게서 찾아보는것입니다.

당신은 긍정으로 나아갑니다.

④

욕심 많은 저 자신에게 화가나요.

당신은 지금 욕심 많은 당신을 보았습니다. 그리고 그것으로 인해 속상하고, 자괴감이 들어서 정지버튼을 눌렀습니다.

하지만, 이것은 매우 축하할 일입니다.

왜냐하면, 많은 사람들은 자신의 욕망을 보지 못합니다.

지금부터, 우리는 당신이 얼마나 훌륭한 존재인지, 그리고 더 훌륭해지기 위해서 무엇을 해야 하는지를 알아보겠습니다.

당신은 아마, 당신의 욕심으로 인해 낭패를 보았을지도 모릅니다. 그래서 스스로에게 자괴감이 들고, 그것이 당신의 삶에 해를 끼친다는 생각을 하게 되었을 것입니다. 하지만, 너무 걱정하지 마세요.

당신이 정지버튼을 누르는 순간부터 달라지게 되었으니까요.

뭐가 달라졌냐고요? 자신의 욕심을 볼 수 있는 사람은 당신이 생각하는 것처럼, 그리 흔치 않습니다.

자신에게 일어나는 욕심들은 당연하고, 그 결과를 운명으로 돌리는 경우가 더 많지요. 하지만, 당신은 팔자에 기대지 않고, 자신의 운명의 개척자처럼, 그 원인을 자신에게서 찾은 아주 훌륭한 시도를 하였습니다.

정지버튼은 사실은 정지버튼이면서 시작버튼입니다.

이제 당신에게는 새로운 삶이 시작될 것입니다.

그 새로운 삶의 시작을 위해서 그 동안의 삶을 정지시킨 것입니다.

그 동안의 삶에 대해서는 오직 반성과 교훈으로 밖에 사용처가 없습니다. 이제부터의 삶은 그야말로 새로운 삶이 시작됩니다.

이제 방법을 찾게 되면, 우리는 한걸음 더 행복으로 나아가게 됩니다.

인간의 욕심에 한계가 있을까요?

마치 아무리 마셔도 갈증이 생기는 소금물과 같이 욕심은 채워도 채워도 채워지지가 않습니다.

욕심을 내어 무엇인가를 성취하여도 결국 또 다른 부족함이 우리를 기다리고 있고, 점점더 욕심에 중독되어 가는 모습은 마약에 중독되어 가는 사람들의 모습과 견주어도 하나도 과하지 않다는 것을 알게 됩니다.

욕심은 좋고 싫음으로부터 생겨난다고 해도 좋을 듯합니다.

좋은 것을 갖고 싶고, 싫은 것을 멀리하고 싶어하는 마음. 그것이 욕심입니다. 좋은 것을 갖는 순간, 좋은 것은 그저 그런 것이 되고, 당신은 더 좋은 것을 찾아 헤매게 됩니다. 그러므로 중요한 것은 소유로서 존재의 만족을 얻으려고 하는 마음으로부터 벗어나는 것입니다. 그렇게 되기 위해서는 먼저 자신의 존재를 느껴야 합니다. 자신의 존재를 느끼기 위해서 가장 기본적인 훈련은 자신이 진정으로 행복했던 때를 찾아 보는 것에서 시작합니다. 그러는 동안 당신은 그 동안 당신이 행복이라고 믿었던 것들의 허상을 마주해야 합니다.

그것은 쾌락이었으며 당신이 만들었다기 보다는 그냥 당신에게 찾아 온 행운들을 행복이라고 믿었었다는 것을 알게 될 것입니다.

이처럼, 우리가 소유와 존재를 구분해 내는 최소한의 노력부터 시작해야 당신을 병들게 했던 욕심으로부터 벗어날 수 있습니다.

그래서 물어봅니다.

"당신은 누구십니까?"

어리석은 저 자신에게 화가나요.

당신은 지금 어리석은 당신을 보았습니다. 그리고 그것으로 인해 속상하고, 자괴감이 들어서 정지버튼을 눌렀습니다.

하지만, 이것은 매우 축하할 일입니다.

왜냐하면, 많은 사람들은 자신의 어리석음을 보지 못합니다.

지금부터, 우리는 당신이 얼마나 훌륭한 존재인지, 그리고 더 훌륭해지기 위해서 무엇을 해야 하는지를 알아보겠습니다.

어리석음의 반대에 있는 것은 무엇일까요? 그것은 지혜입니다.

우리는 흔히 다른 사람들의 어리석음을 금새 봅니다. 그리고 손가락질하기 쉽습니다.

그것은 마치 장기를 두는 일과 비슷합니다.

장기를 두는데, 당신보다 장기를 못 두는 사람이 옆에서 당신에게 훈수를 둡니다. 당신은 그 훈수를 듣기 싫은데, 더 당혹스러운 것은 그 훈수가 제대로 맞는다는 사실입니다.

어떻게 당신보다 어리석은 사람이 당신보다 더 잘 보는 능력이 생겼을까요?

네, 맞습니다. 그것은 자신의 일일 때는 보지 못했던 것이 타인의 일이 되었을 때는 훨씬 더 잘 보게 된 것입니다.

하지만, 지금 당신은 다른 차원을 경험하게 되었습니다.

그것은 당신은 당신 자신의 어리석음을 보게 된 것입니다. 그러니까, 당신은 보통 사람이 아닙니다.

이것은 당황스러운 일이 아니라, 축하할 일입니다.

당신에게 지혜의 눈이 생긴 것입니다.

이제 당신이 할 수 있는 일은 그 눈으로 당신의 어리석음을 교정하는 것입니다.

그러기 위해서는 어리석음이 무엇인지를 냉정히 바라봐야 합니다.

구체적으로 어떤 것이 왜, 어떻게 어리석었는지를 한번 생각해 보세요.

그것들을 하고 나면, 당신에게는 이제 방법이 생길 것입니다.

어떤 방법을 통해서 당신의 어리석음을 보완할 수 있을지 찾게 된다면, 당신은 그것을 실행에 옮길 수 있는 현명한 실행 계획을 세우면 됩니다.

이것은 지식으로 할 수 있는 일이 아닙니다.

그것은 오직 진정한 자신을 만났을 때 나오는 지혜로서만 풀 수 있는 신비한 방법입니다.

그래서 훨씬 신선합니다.

당신은 두 가지 선택이 있습니다.

당신의 어리석음을 보고, 좌절의 늪에 빠져서 헤어나오지 못할 것인지, 아니면, 어리석음을 본 자신을 알아차리고, 어리석은 자신을 끌어올려서 함께 밝은 지혜의 세계로 나아갈지 말입니다.

우유부단한 저 자신에게 화가나요.

　당신은 지금 우유부단한 당신을 만났습니다. 그리고 그것으로 인해 속상하고, 자괴감이 들어서 정지버튼을 눌렀습니다.
　하지만, 이것은 매우 축하할 일입니다.
　왜냐하면, 많은 사람들은 자신의 우유부단함을 보지 못합니다.
　지금부터, 우리는 당신이 얼마나 훌륭한 존재인지, 그리고 더 훌륭해지기 위해서 무엇을 해야 하는지를 알아보겠습니다.

　우유부단하다는 뜻은 뭔가를 명확하게 결정하는 것을 미루거나 하지 못해서 나쁜 결과가 초래되었다는 것을 의미하는 것입니다. 삶은 늘 선택의 연속입니다.
　하나를 선택하면 하나를 잃게 됩니다.
　당신은 뭔가를 잃게 될까 봐 선택을 미뤄서 둘 다 잃게 되었다는 주위의 비난이나, 스스로의 책임감에 시달릴 수도 있습니다.
　하지만, 어떤 때는 어떤 선택도 하지 않는 선택을 하는 것이 현명할 때도 있습니다. 그래서 그 결과가 좋았던 경우도 만나게 되지요.
　하지만, 어떤 때는 선택을 하지 않음으로써 초래되는 나쁜 결과들을 만나기도 합니다.
　운전을 하다 보면, 신호등을 만나게 됩니다. 신호등은, 빨간색과, 노란색, 그리고 초록색이 있습니다. 빨간색과 초록색은 명확한데, 노란색은 무슨 뜻일까요?

가라는 뜻일까요? 아니면, 정지하라는 뜻일까요?

노란색의 뜻은 갈지 말지를 선택하라는 뜻입니다.

삶은 늘 노란색 등이 켜져 있는 것과 같습니다. 당신은 노란색등에서 정지를 선택했을 수도 있습니다. 조급한 사람들은 그때 정지를 선택한 당신에게 잘못되었다는 표현으로 우유부단하다는 말을 할 수도 있습니다. 당신은 어떤 때는 노란색등에서 가는 것을 선택했을 수도 있습니다. 그때, 주변에서는 왜 그렇게 조급하게 가느냐고 질책할 수도 있습니다.

하지만, 그것 모두는 주변의 이야기입니다. 주변의 사람들이 당신의 삶을 대신해서 살 수는 없습니다.

당신의 삶은 당신이 살아가며 그 모든 책임은 당신의 것이며, 그만큼의 권리도 당신의 것입니다.

그러므로 당신은 그것의 선택권자 입니다. 진짜 우유부단한 것은 선택권자의 권리를 내어주는 것입니다.

주변의 소리에 귀를 기울이는 것보다 자신의 선택에 집중하고, 혹시 잘못된 선택에 대해서도 기꺼이 책임져 보세요. 그러는 동안 당신은 보다 현명한 판단을 하게 될 것이고, 그리고 흔들리지 않는 사람이 되어갈 것입니다.

⑦
능력이 부족한 저 자신에게 화가나요.

당신은 지금 능력이 부족한 당신을 보았습니다. 그리고 그것으로 인해 속상하고, 자괴감이 들어서 정지버튼을 눌렀습니다.

하지만, 이것은 매우 축하할 일입니다.

왜냐하면, 당신이 당신의 부족함을 보는 순간 당신의 부족함이 채워질 것이기 때문입니다.

지금부터, 우리는 당신이 얼마나 훌륭한 존재인지, 그리고 더 훌륭해지기 위해서 무엇을 해야 하는지를 알아보겠습니다.

당신이 부족하다는 사실을 당신은 어떻게 알게 되었을까요?

그리고 부족하다는 것은 무엇일까요?

당신은 당신 주변의 누군가를 보며 당신의 능력이 떨어진다는 것을 알게 되었을 수 있습니다. 그런데 누군가는 당신을 보면서 자신의 능력이 떨어진다는 사실을 알게 되겠지요.

그렇다면, 이렇게 타인과의 비교를 통해서 자신의 부족함을 알게 되는 것이 진정한 부족함 이라면, 이 부족함으로부터 자유로운 사람이 세상에 있을까요?

돈이 아무리 많아져도 자신보다 돈이 더 많은 사람은 세상에 넘쳐납니다.

자신보다 힘이 센 사람이 있다고 하더라도, 그 사람 보다 더 힘센 사람이 존재할 것입니다.

어떤 사람은 당신보다 힘이 약한데, 돈이 더 많을 수도 있습니다. 힘은 당신이 세지만, 돈은 당신이 부족할 수도 있겠네요.

그러면 모든 사람이 상대적으로 부족한 사람이겠네요.

그리고 이 부족함 때문에 괴로움이 온다면, 모든 사람들은 콤플렉스에 시달리면서 살아야 되는 기구한 운명에 처하게 되겠네요.

그런데 이런 부족함은 어떨까요?

누군가와 만나서 이야기하는 동안, 자신의 인격의 부족함을 느낀 사람이라면, 그의 행위는 어떨까요?

스스로 자신의 인격의 부족함을 아는 사람이 타인을 존중할까요? 아니면, 타인을 무시할 까요?

당연히 타인을 존중하게 되겠네요.

스스로 자신의 부족함을 아는 사람의 언어는 겸손할까요? 교만할까요? 당연히 겸손하지 않을까요?

우리는 이처럼 두 부족함이 있다는 것을 알게 되었네요.

하나는 타인과 자신을 비교함으로써 느끼는 부족함, 이것은 늘 자신을 괴롭게 하겠네요.

또 하나는 스스로 생각하기에 느끼는 부족함. 이것은 늘 겸손을 통해 자신을 성장시키는 역할을 하겠네요.

당신이 어떤 부족함을 느끼든지 그것은 당신의 몫입니다.

하지만, 당신에게 좋은 것을 당신이 느끼기를 바랍니다.

당신을 위해서……

마음이 답답해요.

네, 지금 당신은 마음이 매우 답답하군요.

답답하고, 모든 것이 귀찮아질 수도 있고, 모든 것이 우울하게 느껴지겠군요.

하지만, 당신은 이 답답함을 멈추고 싶어서 정지버튼을 눌렀고, 정지버튼이 당신의 답답함을 일단 정지시켰을 것입니다.

이제 당신의 답답함이 머물지 않고 사라질 수 있도록 마음을 집중하고 들어보세요.

당신의 마음을 답답하게 만들고 정지버튼을 누르게 만들었다면, 당신의 그 답답함은 당신에게 매우 중요한 일이 되었을 것입니다.

하지만, 답답함이 어디서 왔는지 생각해 보세요.

당신은 누군가와의 관계에서 비롯된 답답함을 느끼고 있을 수도 있습니다.

누군가 당신을 오해했을 수도 있고, 그것으로 인해 답답함이 찾아왔을 수 있습니다.

하지만, 그것이 찾아오기 전의 당신은 매우 편안했고, 그 답답함을 느끼지 못했던 자유의 순간이 있었을 것입니다.

혹은, 당신은 당신의 불확실한 미래나, 건강의 문제, 금전의 문제 등으로 답답함을 느꼈을 수도 있습니다. 하지만, 이 역시 그것이 오기 전에 자유로움을 생각해 볼 수 있습니다.

답답함은 자신도 모르는 사이에 찾아와서 당신의 마음에 뿌연 안개 같은 것을 만들어내고, 모든 것을 망쳐놓습니다.

이 답답함은 당신에게 말합니다. 여기서 벗어나라고, 그래야 모든 것이 명확해진다고 말입니다. 당신이 안개 낀 곳을 운전하거나 걸을 때를 생각해보세요. 당신이 안개를 바라보면, 당신은 답답하고 두려워서 발을 옮기기 힘들지도 모릅니다. 그 안개가 걷히는 것은 두 가지입니다.

하나는 안개가 알아서 걷힐 때까지 기다리는 것입니다.

이것은 아주 많은 시간이 걸릴 수도 있고, 혹은 영원히 걷히지 않을 수도 있습니다. 저는 두 번째 방법을 추천합니다.

아무리 자욱한 안개라고 하더라도, 바로 앞은 보입니다.

이제 당신은 두 눈을 똑바로 뜨고, 안개를 보는 대신에 당신의 발끝을 보세요. 그리고 당신의 한발이 옮겨지는 그곳을 보세요. 그러면서 한걸음씩 뚜벅뚜벅 걸어서 안개를 벗어나 보는 겁니다.

당신이 한발씩 내 딛는 동안, 그만큼의 안개가 걷히게 됩니다. 그리고 결국에 당신은 그 답답한 안개로부터 벗어나게 될 것입니다.

당신이 지금 움직이지 않는다면, 당신은 스스로 찬란한 태양을 볼 수 없게 됩니다. 지금, 이 순간 한발씩 움직여 보세요.

한발씩 움직이는 방법은 간단합니다.

지금 당신의 몸의 움직임에 집중하는 것입니다.

당신의 행위를 관찰하거나, 책을 펴 드는 일도 추천합니다.

그리고 이 앱에서 추천하는 시치료나, 동화를 들어보는 것도 좋습니다.

무엇이건 당신이 그것을 하고, 그것을 하고 있는 당신을 스스로 발견할 때 안개는 곧 걷히게 됩니다.

기대한 일이 이루어지지 않아서 화가나요.

당신은 지금 기대한 일이 이루어지지 않아서 화가 났습니다.

몹시 실망했고, 상처를 입었을 겁니다.

하지만, 당신이 당신 스스로를 이상태로 둔다면, 그것은 자신에게 무책임한 일이라는 사실을 알았기 때문에 정지버튼을 누르게 되었습니다.

이제 기대로 인한 화를 정지시키고, 희망찬 행복으로 나가는 시간에 집중해보세요.

당신은 당신에게 온 모든 불행이 기대로 인해 일어난 일임을 알아차려야 합니다.

기대가 크면, 실망이 크고, 큰 실망은 상처를 남깁니다.

상처는 화를 일으키고, 화가 나면 불행해집니다.

모든 불행은 이런 순서로 찾아옵니다.

그러니까 모든 불행은 불행자체의 모습으로 찾아오는 것이 아니라, 당신의 기대로부터 비롯된 것입니다.

그래서 모든 엘리베이터에 이렇게 씌어져 있죠.

"기대면 위험합니다."

이 두 기대는 서로 다른 뜻이지만, 같은 의미가 있습니다.

엘리베이터에 기대면 위험한 이유는, 자신의 중심이 무너지기 때문입니다. 자신의 중심을 스스로 잡지 못하고 무언가에 기대는 순간 그 기댄

것이 움직이거나 무너지면 기대고 있는 것들은 연달아 넘어질 수밖에 없습니다.

그래서 우리의 삶은 늘 괴로운지도 모릅니다.

우리는 독립되어 있지 못하고, 사랑하는 사람들에게 기대어 있습니다.

그래서 사랑하는 사람일수록 더 더욱 상처받기 쉬운 것입니다.

기대가 없으면, 상처받을 일이 없습니다.

하지만, 기대가 없다는 말에 여러분은 너무 정이 없다고 느낄 수 있습니다.

기대를 낮추면서도 정이 살아있는 방법은 딱 하나 있습니다.

그것은 감사하는 것입니다.

감사하는 마음을 갖게 되면, 기대가 낮아집니다.

그리고 실망할 일이 줄어들고, 상처가 줄고, 화가 줄고, 불행이 줄어듭니다.

불행이 줄어든 만큼 행복이 커집니다.

지금 눈을 감고 감사한 기억을 떠올려 보세요.

그리고 당신에게 이렇게 되뇌어 보세요.

"기대를 줄이고, 감사하자"

"기대를 버리고 감사하자"

왜 나만 불행한 처지에 있는지 화가 나요.

당신은 주변을 보면서 당신의 처지에 대한 생각으로 인해 화가 났습니다.

하지만, 지금 당신은 정지버튼을 통해서 그 화를 정지시키는 훌륭한 일을 해내셨습니다.

정말로 대단한 일을 하신 겁니다.

왜냐하면, 당신이 지금 당신을 비관한다면, 당신의 세상은 지옥과 같고 그 세상에 당신의 가족들과 사랑하는 사람들이 갇혀 살아갔을지도 모르니까요.

이제 더 행복한 삶을 위해 이 이야기에 귀 기울여 보세요.

우리는 흔히 뉴스 등을 통해서 범죄자들의 이야기를 접합니다. 그리고 비난을 하다가도 그들의 어린 시절의 불행을 접하고, 동정의 마음이 생기기도 합니다. 그때 이런 생각이 들기도 합니다.

'내가 저 사람과 똑 같은 처지에 있었다면, 나는 어땠을까?'

이런 생각에 '나는 절대로 그렇지 않을 거야'하는 생각을 하는 사람보다

'나도 비슷했을 수 있어, 이렇게 태어난 것이 다행이야'라고 생각하는 사람이 훨씬 많습니다.

그렇습니다. 우리는 삶 속에서 만나게 되는 불운에 노출되는 순간 많은 영향을 받게 됩니다. 그리고 대부분 불운에 순응하게 됩니다. 그리고

비슷한 결과들을 갖게 됩니다. 그렇다면, 훌륭한 분들은 어땠을까요?

그들의 어린 시절을 보면, 행복한 가정, 적어도 자신을 믿어준 한 사람의 어른, 또는 이처럼 그들이 훌륭하게 될만한 이유들이 있습니다.

그런데 이런 질문에 우리는 어떻게 답할까요?

'만약, 내가 저 훌륭한 분과 똑 같은 환경을 가졌다면, 나는 저렇게 훌륭하게 되었을까?'

대부분의 사람들이 이 질문에 비관적인 답을 합니다. 이유가 무엇일까요?

인간은 환경의 동물입니다. 좋은 환경에서 자라면, 좋은 사람이 될 확률이 높고, 나쁜 환경에서 자라면, 나쁜 사람이 될 확률이 높습니다.

하지만, 훌륭한 사람은 다릅니다. 그것은 자신의 환경과 관계없이 자아의 선택에 의해 결정됩니다. 당신이 훌륭한 선택을 계속 하다 보면 당신은 훌륭한 사람이 되어갑니다.

그것은 환경의 개입을 극도로 차단하고, 그럼에도 불구하고 해내게 합니다.

당신은 지금, 화가 났음에도 불구하고 정지버튼을 눌렀습니다.

이것이 시작입니다.

당신은 당신의 환경이 다른 사람들보다 못하다고 생각이 들었지만, 그 생각이 당신을 해치고 있다는 사실을 깨달았습니다.

그리고 그 생각들이 당신을 해쳐서는 안 된다는 사실도 깨닫게 되었습니다. 그래서 당신은 이 정지버튼을 누른 것입니다.

이런 선택들이 당신의 삶이 환경에 매몰되어, 당연하게 흘러가는 것을 막을 수 있습니다.

당신은 그 당연한 것들을 막아내야 합니다.

왜냐하면, 당신은 원래부터 훌륭한 사람이었으니까요.
이제부터 그것을 증명해보세요.

예기치 않은 황당한 일을 겪었어요.

폭행을 당했어요.

누군가 당신에게 상처를 입혔군요.

그래서 당신은 매우 화가 나고 몸도 아프고 마음도 아프겠네요.

당신을 위로합니다.

하지만, 당신은 이것을 이겨내야 된다는 사실을 알고 있기 때문에, 정지버튼을 누르셨습니다. 정말 잘하셨습니다.

이제 당신의 마음이 진정되고 지금부터는 당신이 그것으로부터 온전히 당신을 지키게 될 것입니다.

과거를 한번 떠올려 보세요.

당신은 아마 과거에 이번에 일어난 일보다 더 큰 몸의 상처를 입었던 적이 있었을 수 있습니다. 하지만, 그때 당신은 지금처럼 마음이 상하지 않았을 수도 있습니다. 왜냐하면, 그것은 그냥 사고였으니까요.

그런데, 그냥 사고가 일어난 것이나, 지금 당신의 몸에 상처가 난 상황이 몸의 관점에서 보면 다른 것이 무엇인가요?

몸의 관점에서 보면 아무것도 다른 것이 없습니다.

하지만, 마음의 관점에서 보면 많은 것이 다르지요.

그냥 사고는 마음을 그렇게 상하게 하지 않습니다. 그리고 쿨하게 그냥 치료에만 전념하면서 그렇게 화가 나지 않을 수도 있습니다.

하지만, 다른 사람의 의도에 의해 상처를 입었다면, 그것은 몸의 상처의 문제가 아니라 마음의 문제가 됩니다. 그리고 훨씬 더 당신을 괴롭히게 됩니다.

당신이 당신 스스로를 어떤 존재로 인식하는지를 여실히 보여주는 이야기 입니다.

그렇습니다. 당신은 당신을 몸의 존재, 즉 육체적 존재로 인식하는 것이 아닙니다. 마음의 존재입니다. 마음의 존재로서 자신을 인식하기 때문에 지금 이렇게 아픈 것입니다.

그렇다면, 이제 조금 다른 관점에서 살펴보겠습니다.

당신에게 상처를 입힌 그 사람은 왜 그랬을까요?

수많은 이유가 있었겠죠. 그런데, 그는 당신을 해치고 나서 기뻤을까요? 지금도 기쁠까요? 아니면, 기쁨이 충만한 상태, 즉 행복한 상태에서 당신을 해쳤을까요?

이 몇 가지의 질문에 모두 "예"라는 답변을 할 수는 없습니다. 만약 그렇다면, 그는 이 세상에 함께 살 수 없는 사람입니다.

그렇기 때문에 그런 사람 때문에 당신이 괴로워하는 것은 밑이 안됩니다.

그리고 그는 당신을 폭행하고 행복할 수 없습니다. 그는 이미 스스로 마음에 상처가 많은 사람일 것입니다. 다른 사람에게 상처를 주는 사람은 모두 스스로 이미 상처가 많은 사람입니다. 그리고 자신이 무슨 짓을 하는지도 모르고 그 짓을 해버린 거죠.

모르는 어린아이가 당신의 뺨을 때려도 당신은 그다지 화가 나지 않을 것입니다. 그것은 당신이 그 아이를 설령 몰라도 그 아이가 아무것도 모르고 당신에게 그렇게 한 것이라는 사실을 알기 때문에 상처받지 않고 그를 용서할 것입니다.

당신에게 상처를 입힌 그도 아무것도 모르고 이 일을 저지른 것입니다.

그는 정지버튼도 모르고, 마음의 원리도 알지 못합니다.

그렇다고, 그를 지금 당장 사랑할 필요도 없습니다.

그냥 그를 내버려 두세요.

그냥 몰라서 그런 것이니까, 그냥 내버려 두세요.

그리고 조금 더 마음의 여유가 생긴다면, 그를 용서하세요.

그리고 조금 더 마음의 여유가 생긴다면, 그를 사랑하세요.

그러는 동안, 당신의 마음은 넓어지고 평온해지며, 행복해집니다.

그도 따라서 그렇게 하겠지요. 그리고 스스로 당신에게 용서를 빌게 될 것입니다.

이것이 진정한 용서이며 사랑이 아닐까요.

모르는 사람에게
욕을 먹었어요.(무시당했어요)

당신은 누군가에게 좋지 않은 이야기를 들어서 상처를 입었군요.
그래서 당신은 매우 화가 나고 마음이 아프겠네요.
당신을 위로합니다.
하지만, 당신은 이것을 이겨내야만 하고, 그렇기 때문에 정지버튼을 누르셨습니다. 정말 잘하셨습니다.
이제 당신은 정지버튼을 누르고 그로 인해 마음이 진정되고 지금부터 당신의 새로운 삶이 시작될것입니다.

당신에게 욕을 했던 그 사람 때문에 당신의 마음은 매우 혼단스러울 것입니다.
가만히 생각하면 생각할수록 화가 나고, 잠도 자기 힘들지도 모릅니다.
당신에게 일어나고 있는 이 감정은 무엇일까요?
당신은 욕을 먹었다는 표면적인 사실 너머로 떠나볼 필요가 있습니다.
이런 질문을 통해 당신은 그 너머의 것을 볼 수 있습니다.
"그에게 내가 무엇을 기대했을까?"
당신은 아마도 그에게 좋은 이야기를 기대했을 것입니다.
설령 당신이 그 기대가 없었다고 하더라도 막상 욕을 먹고 나면, 당신에게는 그에게 좋은 이야기 듣기를 기대했다는 것을 알게 될 것입니다.

좋은 이야기를 듣는 다는 것은 무엇일까요?

그것은 그가 당신에 대해 좋은 생각을 갖고 있기를 기대했다는 뜻입니다.

당신이 그에게 사랑 받고 싶어했다는 결론을 만나게 됩니다.

당신이 인정하건 하지 않건, 이것은 인간의 본질적인 욕망입니다.

그러니까, 우리 모두가 하고 있는 이 행위는 자세히 들여다 보면 참 유치해 집니다.

사랑 받고 싶어서 기대했는데, 사랑해주지 않으니까 화가 나고, 불행해지죠.

아이들에게서나 일어나는 일이 대학에서 박사까지 해도 늘 붙어 다니는 거죠.

당신에게 당신을 욕하는 사람은 밉고, 나쁜 사람일 것입니다. 하지만, 당신에게 그가 친절하게 대한다면, 그는 친절하고 좋은 사람으로 바뀌겠지요.

참 이상한 일이지요. 그 사람이 나쁘거나, 좋거나 둘 중의 하나의 사람이라면, 당신에게 그는 그의 행동과 관련 없이 좋거나 나쁜 사람이어야 할 텐데, 그가 당신을 어떻게 생각하고 행동하느냐가 그를 좋고 나쁜 사람으로 만드니까요.

그래서 이렇게 알아야 합니다.

좋은 사람이나 나쁜 사람이 존재하는 것이 아니라, 좋은 관계와 나쁜 관계가 존재한다는 것입니다.

좋은 관계일 때 당신은 그를 좋은 사람이라고 하고, 나쁜 관계일 때, 당신은 그를 나쁜 사람이라고 합니다.

더 재미있는 것은,

당신이 '그는 좋은 사람'이라고 생각할 때, 당신이 좋은 사람이 되고, 나쁜 사람이라고 생각할 때 당신은 나쁜 사람이 된다는 것입니다.

그래서, 스스로를 좋은 사람으로 규정짓는 사람은 좋은 관계를 만들어 갈 수 있게 됩니다. 하지만, 스스로 자신을 바로 세우지 못하면, 상대방에 의해 좋은 사람이 되거나, 나쁜 사람이 되는 줏대 없는 존재가 됩니다.

그러니까, 당신은 이 정지버튼을 통해서 스스로를 좋은 사람으로 규정해 용기를 내어 그를 극복해 보세요. 그는 이제 당신에게 욕한 사람이 아니라, 당신을 좀더 훌륭한 자아로 성장시키기 위해 시험을 하는 스승이라고 생각하고 노력해 보세요.

그리고 삶의 모순으로부터 한걸음 나와 보세요.

그것이 바로 행복으로 한걸음 옮기는 일이 될 것입니다.

사기를 당했어요.

누군가 당신을 속였고, 그것으로 인해 당신은 상처를 입었군요.
그래서 당신은 매우 화가 나고 몸도 아프고 마음도 아프겠네요.
당신을 위로합니다.
하지만, 당신은 이것을 이겨내야만 합니다. 왜냐하면, 당신이 이겨내지 못한 다면 당신의 삶은 지금보다 더욱더 힘들어질것이기 때문입니다.
이제 당신의 마음이 진정되고 지금부터 당신의 새로운 삶을 시작해봅니다.

다른 사람에게 속임을 당한다는 것은 매우 기분 나쁜 일입니다. 더더군다나 아는 사람, 친한 사람에게 속임을 당했다면, 그 상처는 더욱더 커질 것입니다.
그렇다면, 속였다는 것은 무엇일까요?
그것은 당신이 그렇게 생각하는 것입니다. 그에게 의도가 있다고 생각했다는 것입니다. 의도는 의식이 일으키는 것입니다. 그리고 그것을 이성이라고 합니다. 다시 말하면, 의도를 가지고 있다면 그 의도는 늘 순수할 수밖에 없다는 뜻입니다. 본능적인 삶은 이 의도가 없는 삶을 이야기 합니다. 그냥 본능에 의해서, 태어나고, 배운 습관에 의해서 그렇게 하는 것입니다. 그렇기 때문에 그 일을 저질렀다면, 의도에 의해서 일어난 일이 아니고 그냥 습에 의해서 일어난 일입니다. 당신은 타인의 습관으로 인해 약간의 불편을 겪고 있는 것입니다.

그렇다면, 돈의 의미는 무엇일까요?

우리에게 돈은 매우 중요한 역할을 합니다. 그리고 돈이 있으면 행복할 것 같습니다.

하지만, 돈이 아주 많은 사람들조차 행복하지 않은 사람들을 보면서, 사람들은 돈이 행복의 근본이 될 수 없다는 사실을 눈치챕니다.

그렇지만, 금새 돈이 곧 행복이라는 중독으로부터 헤어나오지 못하게 됩니다.

어떤 사람들은 이야기 합니다.

"돈은 괜찮은데 왜 사람을 속이느냐?"라고요.

돈이 괜찮으면, 사람은 더 괜찮아야 합니다.

그 사람이 어떤 의도에서 그렇게 했는지는 알 수 없습니다. 하지만, 그는 이미 당신을 속이는 순간 매우 괴로운 존재가 되었습니다.

의도가 있었다면 불쌍한 사람이니 얼마나 괴롭겠습니까?

의도가 없었는데 상황에 내몰렸다면, 그 또한 얼마나 괴롭겠습니까?

당신이 돈은 괜찮다면, 그리고 그것이 진심이라면 그를 용서하시는 것이 가장 현명한 방법입니다. 그래야 당신이 행복할 수 있기 때문입니다.

정지버튼은 타인을 이해하기 위한 것이 아닙니다.

당신이 행복해지기 위한 것입니다.

당신이 행복해지는 가장 좋은 방법을 선택하세요.

그것이 행복의 열쇠입니다.

성추행을 당했어요.

당신은 누군가에게 성추행을 당하고 그로 인해 상처를 입었군요.

그래서 당신은 매우 화가 나고 마음도 아프겠네요.

당신을 위로합니다.

하지만, 당신은 이것을 이겨내야 된다는 사실을 알고 있기 때문에, 정지버튼을 누르셨습니다. 정말 잘하셨습니다.

이 이야기는 당신을 위로하여 나약하게 만들기 위한 것이 아니라, 당신을 강하게 하고, 다시 일어서게 하기 위한 이야기 입니다. 그래서 당신에 대한 위로 보다 당신에게 일어난 모순을 보게 돕습니다.

이제 당신의 마음이 진정되고 지금부터는 당신이 그것으로부터 온전히 당신을 지키게 될 것입니다.

서울대 대나무 숲이라는 인터넷 게시판에 어떤 여성분이 글을 올렸습니다.

내용은

"내가 여성분들에게 욕을 얻어 먹을 각오를 하고 올리는데, 왜, 나는 멋진 남학생이 나를 쳐다보면 기분이 좋은데, 맘에 들지 않는 남학생이 쳐다보면 기분이 나쁠까? 만약 행위에 의해서 기분의 좋고 나쁨이 있다면, 그것은 모순이 아닌가?"

하는 글입니다.

아마 당신도 공감할 것입니다.

만약 행위에 의해서 당신의 기분이나 마음이 정해진다면, 모든 행위는 똑같은 결과를 가져오게 되어 있습니다. 하지만, 이처럼, 인간의 관계는 똑같은 행위가 똑같은 결과를 가져오지 않는다는 모순을 보는 능력을 통해 우리는 스스로의 모순으로부터 벗어나야 합니다.

우리의 느낌은 모두가 다릅니다. 그리고 어떤 느낌은 우리의 성적인 수치심과 연결되기도 합니다. 느낌은 그냥 느낌일 뿐입니다.

물리학적으로는 물체끼리는 서로 닿을 수도 없는 관계에 있습니다. 우리가 느낌을 갖게 되는 것은 마이너스 성향을 띈 전자끼리 서로 밀어내기 때문에 만날 수도 없지만, 그냥 그렇게 느끼는 것입니다.

그래서 서로의 살결이 닿는다는 것은 그것이 누구인지 관계없이 느낌 자체는 같을 수 있습니다. 하지만, 그 해석은 완전히 다를 수 있습니다.

그래서 사랑하는 사람이 닿으면 좋은 느낌이 들지만, 싫어하는 사람이 닿으면 수치심을 느끼게 됩니다.

그러면, 그것을 시도한 사람은 어떨까요? 그는 느낌 자체를 통해 성적 욕망을 해소하려는 사람입니다.

다시 말하면, 욕망에 지배되어 몸이 움직이고 있는 사람입니다. 그렇기 때문에 자신이 무슨 짓을 하는지도 모른 채로 하고 있습니다. 이미 소중한 마음의 작동이 일어나고 있지 않다는 뜻입니다.

그리고 그 동물적 작용이 당신의 동물적 작용을 일으켜 당신에게 수치심을 느끼게 하는 것입니다.

수치심은 부끄러운 마음입니다. 당신이 한 일도 아닌 일에 왜 부끄러움을 느껴야 합니까? 성적 수치심은 그 일을 일으킨 사람이 느껴야 하는 것입니다. 하지만, 동물적 욕망에 사로잡힌 사람은 그것을 느끼지 못합니다.

그렇다고 당신이 그것을 느낄 이유는 더욱더 없습니다.

당신은 아무 죄가 없습니다.

그리고 그것은 그냥 느낌일 뿐입니다.

느낌은 몸의 기억일 뿐입니다.

하지만, 당신은 고귀하고 훌륭한 마음의 존재입니다.

그러므로 그것들을 정지시키고 날려버리십시오.

마음을 가다듬고 정지버튼을 누를 때마다, 그 느낌, 그 몸의 기억이 날아간다고 상상하십시오. 그러는 동안 당신은 평온하고 행복한 세상을 맞이하게 될 것입니다.

성폭행을 당했어요.

당신은 누군가에게 성적인 상처를 입었군요.
그래서 당신은 매우 화가 나고 몸도 아프고 마음도 아프겠네요.
당신을 위로합니다.
하지만, 당신은 이것을 이겨내야 된다는 사실을 알고 있기 때문에, 정지버튼을 누르셨습니다. 정말 잘하셨습니다.
이 이야기는 당신을 위로하여 나약하게 만들기 위한 것이 아니라, 당신을 강하게 하고 다시 일어서게 하기 위한 이야기 입니다. 그래서 당신에 대한 위로 보다 당신에게 일어난 모순을 보게 돕습니다.
이제 당신의 마음이 진정되고 지금부터는 당신이 그것으로부터 온전히 당신을 지키게 될 것입니다.

몸의 욕망은 성을 착취의 대상으로 생각합니다.
성을 착취의 대상으로 생각하는 이유는 아이러니 하게도 행복하기 위해서입니다.
그는 성적 쾌락과 행복을 구분하지 못합니다.
쾌락은 몸의 기쁨입니다. 그것은 식욕과, 성욕, 물질욕 등으로 표현됩니다.
그 중에 가장 강한 것이 성욕입니다.
하지만, 진정한 행복은 아이러니하게도 쾌락에 집중되어 있는 것이 아니라, 자신을 버리고 사랑을 주는 것으로 얻어집니다.

  좋은 예로, 부모님이 자신의 희생을 통해서 자녀를 기르면서 그것을 행복이라고 느끼는 것이 그것입니다.

  이렇게 몸의 욕망에 사로잡힌 존재는 자신들의 행위가 무엇인지도 모르고 타인을 훼손하는 일을 계속해 나아갑니다.

  그러는 동안 자신이 괴물로 바뀌어 간다는 사실을 모른 채 말입니다.

  어쩌면 세상에서 가장 불쌍한 사람들 중에 하나일지도 모릅니다.

  그런데 진짜 이상한 일은 이것 때문에 일어나는 일입니다.

  그것은 바로 당신에게 일어나는 일입니다.

  당신은 어떤 선택도 하지 않았는데 지금 상처 받고 괴로움에 빠져있습니다.

  당신은 악의를 가지고 일으킨 어떤 것도 없음에도 불구하고, 힘에 의해 굴복 당해 만신창이가 된 몸과 마음으로 지옥의 나날을 보내고 있을 수 있습니다.

  너무 불공평한 일입니다.

  그래서 그것을 바로잡아야 합니다.

  이제부터 이렇게 알아야 합니다.

  몸은 아무것도 아닙니다.

  그냥 몸은 몸일 뿐입니다. 당신은 고귀한 마음의 존재입니다.

  몸은 상처 나고 아플 수 있지만 마음은 당신이 정하기만 한다면, 상처 받지 않을 수 있습니다.

  마음은 자신이 정하지 않으면, 금새 오염되고 상처를 받습니다.

  이제 당신은 당신의 몸에게 이야기하십시오.

  "괜찮아, 니가 원해서 그런 것이 아니었기 때문에 아무것도 아닌 일이 일어난 거야, 시간이 지나면 너는 괜찮아질 거야"

몸은 마음이 이야기를 하면 귀 기울일 것입니다.

당신은 무죄일뿐더러 고귀한 존재입니다.

당신이 아파야 할 이유는 아무것도 없습니다.

이제 당신은 선택했습니다.

스스로를 해치면서 자신의 삶을 나락으로 빠뜨릴 것인지, 그럼에도 불구하고, 다시 일어나 아무 일도 없었다는 듯이 자신의 진정한 행복을 찾아갈 것인지 말입니다.

정지버튼을 누르면서 이 동굴을 빠져나가세요.

우울해요. 우울해요.

코로나 때문에 너무 우울해요.

당신은 코로나19로 인해 너무 우울하군요.
우리의 일상이 참 많이 변했습니다. 우울한 나날들의 연속이지요.
당신을 위로합니다.
하지만, 지금 당신은 정지버튼을 통해서 그 우울함을 정지시키는 훌륭한 일을 해내셨습니다.
정말로 대단한 일을 하신 겁니다.
왜냐하면, 당신이 지금 당신의 감정을 정지시킨 것은 당신의 삶을 새롭게만들기에 충분하기 때문입니다.
이제 더 행복한 삶을 위해 이 이야기에 귀 기울여 보세요.

우울함이 찾아오면 우리의 마음은 몹시 괴롭습니다.
우울함은 왜 당신을 찾아왔을까요?
그것은 여러 가지 원인이 있겠지만 당신의 몸이 보내는 위협의 신호 때문일 수 있습니다.
코로나가 지속되고 당신은 많은 걱정들에 사로잡혀 있게 되었습니다. 게다가 당신은 사람들도 마음대로 만나지 못하게 되었지요. 이런 몸의 급격한 상태의 변화를 뇌는 큰 위협으로 받아들입니다. 그리고 뇌는 몸의 위협을 실제의 위협으로 만들어버립니다.
이것을 예로 설명하면 좀 이상해집니다.

그러니까, 진흙탕 옆을 지나면서 진흙탕에 빠질까 봐 걱정하다가 먼저 진흙탕에 들어가버린 상황입니다. 참 바보 같죠?

이것이 우리의 의식이 관여하지 못하는 뇌와 우리 몸의 바보 같은 작용입니다. 하지만, 당신은 다릅니다. 당신은 정지버튼을 눌렀고, 뇌에 의해 사용되는 사람이 아니라, 뇌를 사용하는 사람으로서의 지위를 활용하게 된 것입니다. 당신은 이제 정지버튼을 누르고, 우울한 마음의 상태를 정지시켰습니다. 코로나의 상황에 의해 달라진 것은 많지만, 한편으로 생각해보면 그리 많지 않을 수도 있습니다. 당신의 일상을 자세히 들여다 보세요.

당신은 여전히 건강하고, 식사도 잘하고, 친구들과 자유롭게 통화를 할 수도 있고, 가족과 잘 지낼 수도 있습니다. 이 정지버튼은 당신의 몸이 우울한 환경을 바라보고 그것을 위협으로 받아들이는 대신, 이제부터 그럼에도 불구하고 긍정적인 것을 바라보고 긍정적인 생각을 일으키는 것으로 발전시켜나가게 될 것입니다.

그러기 위해 당신께 추천하는 생각은 감사의 꺼리들을 찾아보는 것입니다.

당신의 일상에서 일어나는 일들이었는데, 당신이 그 동안 감사하지 못했던 감사의 꺼리들을 찾아서 하나씩 써 내려가 보세요.

그러는 동안 당신의 몸이 코로나를 보면서 움츠리고 우울했던 마음들이 정리되면서 당신은 밝고 건강한 기운들을 받아들이게 됩니다.

그것은 상황에서 시작된 것 같지만, 상황이 아니라, 당신의 생각에서 시작된 것입니다. 당신은 이제 당신의 생각을 바꿈으로써 당신의 상황이 바뀌는 것을 체험하게 될 것입니다.

당신은 당신의 불행을 정지시킬 수 있는 능력자입니다.

코로나 때문에
걱정이 많아 우울해요.

당신은 코로나19로 인해 많은 걱정을 하고 있군요.

당신을 위로합니다.

하지만, 지금 당신은 정지버튼을 통해서 그 우울함을 정지시키는 훌륭한 일을 해내셨습니다. 정말로 대단한 일을 하신 겁니다.

왜냐하면, 당신이 지금 당신의 감정을 정지시키지 않았다면, 당신의 감정은 당신은 물론이고 당신의 주변까지 송두리째 우울함에 빠뜨렸을지도 모르니까요.

이제 더 행복한 삶을 위해 이 이야기에 귀 기울여 보세요.

한국에서는 코로나로 수백명이 돌아가셨습니다. 참 안타까운 일입니다. 그러나 세계의 다른 나라들에 비하면 현저히 떨어지는 사망률입니다.

게다가 한국은 30분에 한 명꼴로 자살을 하는 나라입니다.

불과 10일이면, 자살로 인해서 죽는 사망자가 480명에 이르게 되지요.

만약 자살에 바이러스가 있다면, 사람들은 자살 바이러스를 더욱더 겁내 해야겠지요.

하지만, 자살의 바이러스는 보이지 않습니다.

그렇기 때문에 사람들은 그것이 자신에게 전염되거나, 자신을 해치지는 못 할거라고 생각할 수 있습니다.

하지만 보이지는 않지만 자살은 전염됩니다. 그리고 우리를 죽음으로 인도합니다.

그 자살의 시작은 바로 걱정이고, 우울함입니다.

당신이 정지시킨 것은 그냥 당신의 우울한 감정이 아니라, 이 바이러스가 당신에게 들어오는 것을 정지시킨 것입니다.

당신은 이제 당신의 바로 앞에서 당신에게 언제든지 달려들 준비가 되어 있는 이 바이러스를 아예 퇴치해야 합니다.

그것을 퇴치하는 것은 매우 어려운 일이지만, 쉬운 일이기도 합니다.

당신의 걱정은 늘 당신을 지금 이순간에 머물지 못하도록 종용합니다.

당신을 과거나 미래로 보내, 지금의 행복을 방해합니다.

그래서 당신께 추천하는 생각은 당신의 걱정이 당신의 삶을 망치지 않도록 지금 이순간에 머물 수 있도록, 당신의 행위를 관찰하는 것을 추천합니다.

당신의 움직임을 관찰해 봅니다. 당신의 호흡을 관찰해 봅니다.

당신에게 일어나고 있는 걱정도 관찰해 봅니다.

관찰자로서의 당신을 만나게 되면, 당신의 걱정은 더 이상 당신과 함께 할 수 없다는 사실을 알게 됩니다. 당신의 걱정은 늘 모순을 일으킵니다.

관찰자로서의 당신은 그 모순을 바라봅니다. 그리고 그 모순은 발견되는 순간 당신에게 더 이상 머물지 못하고 당신을 떠나가게 됩니다.

그래서 당신은 당신을 관찰해야 합니다.

당신이 당신을 관찰하는 동안 당신은 계속해서 정지버튼을 누르는 효과가 생기게 되고, 우울로부터 벗어나게 됩니다.

③

코로나 때문에 사람들을
못 만나서 우울해요.

당신은 코로나19로 사람들도 만나지 못하고 정말 답답하시군요.

당신을 위로합니다.

하지만, 지금 당신은 정지버튼을 통해서 그 우울함을 정지시키는 훌륭한 일을 해내셨습니다. 정말로 대단한 일을 하신 겁니다.

왜냐하면, 당신이 지금 당신의 감정을 정지시키지 않았다면, 당신의 감정은 당신은 물론이고 당신의 주변까지 송두리째 우울함에 빠뜨렸을지도 모르니까요.

이제 더 행복한 삶을 위해 이 이야기에 귀 기울여 보세요.

평소에 우리는 주변 사람들을 만나 소통하며 그것을 중요한 가치로 여기고 살아갑니다.

그리고 그 소통을 통해서 관계가 형성되고, 그 형성된 관계를 통해서, 우리의 정체성에 대해서 생각하기도 하지요.

하지만, 이런 생각을 해보기도 합니다.

당신에게 좋은 사람도 있고 나쁜 사람도 있습니다.

그런데 조금 이상한 것은 당신이 좋은 사람이라고 생각하는 사람을 모든 사람이 다 좋은 사람이라고 하지 않을 뿐 아니라, 당신이 나쁜 사람이라고 생각하는 사람을 모든 사람이 다 나쁜 사람이라고 생각하지도 않습니다.

그렇다면, 좋은 사람과 나쁜 사람이라고 생각했던 당신의 생각은 무엇을 기반으로 일어난 것일까요?

네, 그렇습니다.

그것은 좋은 사람과 나쁜 사람이 존재하는 것이 아니라, 좋은 관계와 나쁜 관계가 존재하기 때문입니다. 우리는 이 관계에 의해 생긴 인식을 사실로 받아들여 왔다는 것입니다.

그렇다면, 좋은 사람들을 한번 떠올려 보세요.

당신은 어떤 사람들을 좋은 사람이라고 인식하게 되었을까요?

정말 사회적으로 모범이 되는 어떤 기준에 도달하거나, 당신이 생각한 기준에 딱 맞게 부합하는 사람을 당신은 좋은 사람이라고 생각했을까요?

안타깝게도 그렇지 않습니다. 개중에는 사회적으로 누가 봐도 좋은 사람도 있을 수 있지만, 대부분은 그냥 당신이 좋아하는 사람입니다.

여러분이 좋아하는 사람은 두 가지 입니다.

하나는 당신에게 잘해주는 사람이고, 다른 하나는 당신이 사랑하는 사람입니다.

당신에게 잘해주는 사람은 좋은 관계에 있고 좋은 사람이긴 하지만, 쉽게 속상할 수 있는 관계이기도 합니다. 왜냐하면, 당신이나 혹은 그 사람 둘 다 서로에 대한 기대가 있기 때문입니다.

그래서 오랜 친구간의 단절을 흔히 볼 수 있는 것입니다.

하지만, 당신이 사랑하는 사람과의 관계는 사랑하면 할 수록 쉽게 상하지 않습니다. 이유가 무엇일까요?

당신이 사랑하는 사람은 좋은 사람이고, 그는 어떤 사회적 기준에 부합해서 좋은 사람이 되는 것이 아닙니다. 그냥 당신이 그를 사랑하기로 허락했기 때문입니다.

그래서 당신은 그를 사랑하므로, 그에게 당신이 가진 어떤 것을 줘도 아깝지 않습니다.

물질세계에만 살아가는 것 같은 우리 존재로서는 이해하기 참 어려운 현상입니다.

사랑을 줄 때 왜 우리는 행복할까요?

그것은 사랑을 줄 때 우리의 마음속에 사랑이 생겨나기 때문입니다.

그래서 이미 사랑을 받게 되지요.

우리는 세상과 관계하며 살아가지만, 그전에 자신과의 관계가 더욱더 중요합니다.

코로나의 시기는 이처럼 자신과의 관계를 공고히 하는 시간이 될 수 있습니다.

이런 시간들을 통해서 우리의 삶은 성장하고 발전하게 됩니다.

긴 침묵의 시간 동안 사랑하는 사람들을 떠올려보세요.

그리고 그들에게 편지 한 통을 써보세요.

당신은 코로나의 답답함으로 우울에 빠져서 허덕일 것인지, 아니면, 더 행복한 삶으로 발전하기 위해 성장할 것인지 선택하는 기로에 있습니다.

선택할 수만 있다면, 어떤 바보도 우울에 빠져서 허우적 대는 자신을 선택 하지 않는 다는 사실을 염두해 두세요.

세상에 나 혼자인 거 같아요.

　당신은 세상에 혼자 인 것 같다는 절망에 빠져 있군요.
　당신을 위로합니다.
　하지만, 지금 당신은 정지버튼을 통해서 그 우울함을 정지시키는 훌륭한 일을 해내셨습니다. 정말로 대단한 일을 하신 겁니다.
　왜냐하면, 당신이 지금 당신의 외로운 감정을 정지시키지 않았다면, 당신의 감정은 당신은 물론이고 당신의 주변까지 송두리째 외로움이 집어삼켰을지도 모르니까요.
　이제 더 행복한 삶을 위해 이 이야기에 귀 기울여 보세요.

　과학이야기를 한번 해볼까요?
　괜히 걱정되시죠? 하지만, 쉬운 이야기니까 너무 걱정 마시고, 한번 따라와 보세요.
　과학적인 두 가지 사실이 있습니다.
　그 중 하나는 항상 함께 살지만 보지 못하는 얼굴이 있습니다.
　그게 누군지 아시겠죠?
　네, 맞습니다. 바로 자기 자신입니다. 세상에서 자기 자신을 본 사람은 한 명도 없습니다.
　두 번째 과학적 사실은 자신을 제외하고 우리가 보는 세상의 모든 사람들과 물건들은 모두 과거의 상을 보게 된다는 것입니다.

왜냐하면 빛이 반사되어 망막에 맺힌 상을 우리는 보기 때문입니다.

이것은 과학적으로 분명한 사실입니다.

이런 과학적 사실을 연결시키면 철학적 사실이 하나 발견됩니다.

그것은 자신의 얼굴도 못 보는 내가 혼자서 이 우주를 살아가야 한다는 것입니다.

그것이 바로 이 세상의 이치입니다.

그래서 인간은 외롭습니다.

내가 아무리 사랑하는 사람조차 나는 그가 감기에 시달릴 때 기침 한 번을 대신해줄 수 없습니다.

인간은 사회적 동물임과 동시에 철저히 독립된 존재입니다.

이 두 역할은 인간에게 큰 모순을 줍니다.

사회적 동물이기 때문에 관계를 통해서 자신의 정체성을 확립해나가지만, 독립된 존재라는 사실을 깨닫지 못하게 되면, 사회적 동물로서의 역할을 통해서만 정체성이 생긴다는 편견에 사로잡혀 자신을 스스로 바로 세우지 못하게 됩니다. 그래서 당신은 분명히 이것을 알아야 할 필요가 있습니다.

당신은 독립된 존재이면서 사회적 존재입니다.

그렇기 때문에 스스로 자신을 바로 세울 때, 사회적 존재로서의 역할이 확장됩니다.

그래서 당신이 혼자라고 느껴지는 것은 매우 당연한 것이며, 그것을 견뎌내는 것이 바로 자신을 바로 세우는 것입니다.

당신이 혼자라고 느끼는 외로움은 주변사람들로부터 비롯될 수 있습니다.

그렇기 때문에 당신이 독립적인 존재로서 자리잡지 못하게 됩니다.

다른 사람에 의해 흔들리고 아파하고, 괴롭습니다.

이런 방법을 한번 사용해보세요.

그것은 바로 '누구라도 사랑하는 것'입니다.

그 누구는 사람이 될 수도 있고, 동물이 될 수도 있고, 식물이 될 수도 있습니다.

어떤 때는 사람보다 동물이나, 식물이 더 좋을 수 있습니다.

당신이 그를 사랑하는 동안, 그에게 사랑을 베푸는 동안 당신은 당신 안에 사랑이 넘쳐나는 것을 느낄 수 있습니다.

당신은 누구에게 사랑 받아야 사는 존재가 아니라, 누구를 사랑해야 사는 존재입니다.

그래야 당신에게 사랑이 넘쳐 나와 당신을 위로합니다.

당신에게 사랑이 넘쳐나면, 당신은 외로움에서 벗어나게 됩니다.

그래서 당신은 정지버튼을 누르는 동안, 외로움이 멈추고, 외로움이 멈추면 사랑 받고자 하는 마음이 멈추게 되고, 그 순간, 당신의 사랑이 시작됩니다.

대상이 있으면, 더 좋습니다.

꼭 누구라도 사랑하세요. 당신을 치료하는 것은 당신입니다.

사랑하는 사람과 헤어졌어요.

당신은 사랑하는 사람과 이별 때문에 절망에 빠져 있군요.

당신을 위로합니다.

하지만, 지금 당신은 정지버튼을 통해서 그 우울함을 정지시키는 훌륭한 일을 해내셨습니다. 정말로 대단한 일을 하신 겁니다.

왜냐하면, 당신이 지금 당신의 감정을 정지시키지 않았다면, 당신의 감정은 당신은 물론이고 당신의 주변까지 송두리째 우울함이 집어삼켰을지도 모르니까요.

이제 더 행복한 삶을 위해 이 이야기에 귀 기울여 보세요.

세상에서 가장 슬픈 일은 무엇일까요?

많은 사람들이 이야기 하는 세상에서 가장 슬픈 일은 바로 사랑하는 사람과의 이별입니다. 지금 당신이 느끼고 있는 그 절망, 그것이 세상에서 가장 슬픈 일입니다.

그렇기 때문에 당신은 지금 인생에서 가장 슬프고 아픈 터널을 지나고 있습니다. 주변에서 혹시 당신의 절망에 냉소하더라도 그것 때문에 괴로워할 필요도 없어요. 당신의 슬픔은 세상 어떤 것 보다 큰 아픔입니다.

그것은 사랑하는 사람이 세상을 떠났을 때 겪는 아픔과도 비슷합니다.

오히려 그것보다 더 클 수도 있습니다.

팝송 중에 카펜터즈가 부른 "탑 오브더 월드"라는 곡이 있습니다.

그 내용은 대충 이렇습니다.

내가 사랑에 빠졌을 때, 세상 모든 것이 나를 위해 존재하고, 나는 세상의 가장 꼭대기에 있게 되었죠.

사랑에 빠진 사람들은 흔히 이해할 수 있는 내용이지만, 내용을 가만히 들여다 보면, 이 것은 좀 이상한 내용이기도 합니다. 왜냐하면, 당신이 사랑에 빠지거나, 그렇지 않거나, 물질들이 달라질 이유는 없잖아요?

하지만, 그렇게 느낄 수 있고 그렇게 느끼고 그렇게 행동하면, 그것이 맞다는 것입니다.

그것이 인간만이 가지고 있는 놀라운 마법 같은 일입니다.

그런 소중한 사랑이 당신에게서 떠나가 버렸기 때문에 당신의 슬픔은 정말 위로가 필요한 중요한 일입니다.

하지만, 여기서 우리는 더 깊은 사유를 해볼 겁니다.

그것은 당신이 이 슬픔에서 빠져나올 수 있는 답을 줄 수도 있기 때문입니다.

당신이 지금의 이별을 슬퍼하는 이유는 당신을 사랑해 줄 대상이 사라졌기 때문이 아니라, 당신이 사랑해줄 대상이 사라졌기 때문입니다.

당신은 사랑의 존재입니다.

사랑의 존재라는 것은 사랑을 받아야 살아가는 존재라는 뜻과 사랑을 줄 수 있기 때문에 고귀한 존재라는 두 가지 뜻이 있습니다.

사랑을 받아야만 살아가는 존재는 늘 불행하고 위태로운 삶을 살아갑니다.

지금은 행복할 지 몰라도, 곧 불행해질 것이기 때문입니다.

어떤 관계도 영원히 함께 할 수 없습니다.

사랑 받는 중독이 심하면 심할수록, 그 단절의 고통은 큽니다.

당신을 이제 재 설정해보세요.

이 정지버튼을 이제 재설정 버튼으로 사용해 보세요.

당신은 사랑을 주는 존재입니다.

이별한 그와의 관계 이외에도 당신에게는 그보다 훨씬 고귀하고, 숭고한 관계들을 많이 가지고 있습니다. 남녀간의 사랑은 어떻게 보면 욕망에 이끌리는 경우가 대부분입니다.

당신에게는 사랑하는 부모님과 형제, 친구 등 수많은 사랑의 관계들이 있습니다.

이런 관계들이 남녀의 관계보다 더 떨어지는 관계가 아닙니다. 그리고 사랑은 남녀 사이의 전유물도 아닙니다. 사랑은 성적 전유물이 아니기 때문입니다.

당신은 사랑이 무엇인지부터 생각해 보아야 합니다.

사랑의 '몸의 본능'을 이야기 하는 것이 아닙니다.

영적 존재에 대한 자각을 이야기 합니다.

하지만, 이번 사랑으로 당신은 당신의 존재에 대한 자각을 하게 되었습니다.

당신이 사랑을 베풀 수많은 상대들에게 눈을 돌려 보세요.

왜곡된 사랑으로부터 당신을 자유롭게 해보세요.

그러는 동안 당신은 서로에게 상처만을 남기는 만남으로부터 벗어나게 됩니다.

당신은 그렇게 단순하고 부족한 존재가 아닙니다.

고귀하고 훌륭한 존재를 자각하고, 당신의 상처를 당신에게서 넘쳐 나오는 사랑으로 치유해보세요.

정지버튼은 사랑 받고 싶은 마음을 정지시키고, 사랑하는 마음을 작동시키는 버튼이 됩니다.

사랑하는 사람이 세상을 떠났어요.

당신은 사랑하는 사람이 세상을 떠나 슬픔에 빠져 있군요.

당신을 위로합니다.

하지만, 지금 당신은 정지버튼을 통해서 그 슬픔을 정지시키는 훌륭한 일을 해내셨습니다. 정말로 대단한 일을 하신 겁니다.

왜냐하면, 당신이 지금 당신의 감정을 정지시키지 않았다면, 당신의 감정은 당신은 물론이고 당신의 주변까지 송두리째 슬픔과 우울함이 집어삼켰을지도 모르니까요.

이제 더 행복한 삶을 위해 이 이야기에 귀 기울여 보세요.

세상에서 가장 슬픈 일은 사랑하는 사람과의 이별입니다.

모든 것이 절망적이고 안타까운 마음뿐일 것입니다.

삶이 송두리째 뽑힌 것처럼 마음이 쓰리고, 아플 것입니다.

그것은 매우 당연한 것이고, 당신에게 필요한 것은 그 아픔을 치료할 만한 큰 위로입니다.

하지만, 당신이 정지버튼을 눌렀다면 당신은 분명 이 슬픔이 더 이상 가다가는 당신에게 위협이 될 것이라는 사실을 알았기 때문일 것입니다.

그래서 지금은 위로가 아니라 당신이 이곳으로부터 빠져나올 수 있는 방법을 알려드립니다.

이 당연한 슬픔에 두 가지 의문이 있습니다.

그 첫 번째는 이 슬픔이 과연 누구를 위한 것이냐는 것입니다.

세상을 떠난 사람을 위해서 당신은 지금 슬퍼하는 것인가요?

처음에는 그렇게 시작했을지도 모릅니다. 하지만, 냉정히 생각해 보세요.

세상에서 떠나는 것은 정해진 이치입니다.

즉 아무도 떠나지 않을 방법이 없다는 것입니다.

그렇다면, 당신이 그를 위해 아무리 울어도, 슬퍼해도 소용없는 일이라는 사실을 이미 알고 있다는 것입니다. 그러니까 그를 위한 슬픔만은 아니라는 것입니다.

그러면, 당신을 위한 것입니까?

결국 그렇게 되겠네요. 당신이 혼자 세상에 버려진 것에 대한 한탄이며, 이제 어떻게 살아야 되는지에 대한 절규인 것입니다.

그런데 이 슬픔이 길어지면, 당신은 정말로 그 슬픔의 늪에서 벗어나지 못하게 됩니다.

당신의 슬픔은 잠시면 됩니다.

그를 위하고 당신을 위해서, 당신은 다시 일상으로 돌아가야 합니다.

두 번째 의문은 그 슬픔은 예기치 않은 것이 아니라는 것입니다.

당신은 사랑하는 사람의 죽음으로 망연자실하고 당황했겠지만, 당신 역시 그 죽음에 예외가 아니라는 것입니다.

즉, 우리가 세상에서 떠나는 것은 정해져 있고 날짜만 지정되어 있지 않다는 것입니다. 한편으로 우리는 모두 죽음을 기다리고 있습니다.

우리의 육체는 끝나지만, 우리의 생이 육체만의 것일까요?

당신이 죽음을 두려워하고 슬퍼하는 것 자체가 우리는 영적 존재라는 반증입니다. 죽음으로 삶이 완전히 끝난다면, 얼마나 깔끔한 이야기입니까?

하지만, 그것으로 삶이 끝나지 않을까 봐 걱정하는 것, 그것이 바로 슬픔이며 당신이 영적 존재라는 반증입니다.

그래서 당신이 영적 존재로서 할 수 있는 최선은 사는 동안, 서로 사랑하는 것입니다.

슬픔을 거두고, 주변의 사람들을, 풀들을, 존재하는 모든것들을 사랑하세요.

당신의 고귀한 영혼이 아름다워지는 순간을 즐겨보세요.

지금 당신이 할 수 있는 가장 가치 있는 일은 바로 그것입니다.

사랑하는 사람이 저를 배신했어요.

 당신은 사랑하는 사람의 배신 때문에 절망에 빠져 있군요.
 당신을 위로합니다.
 하지만, 지금 당신은 정지버튼을 통해서 그 배신감을 정지시키는 훌륭한 일을 해내셨습니다. 정말로 대단한 일을 하신 겁니다.
 왜냐하면, 당신이 지금 당신의 감정을 정지시키지 않았다면, 당신의 감정은 당신은 물론이고 당신의 주변까지 송두리째 배신감이 집어삼켰을지도 모르니까요.
 이제 더 행복한 삶을 위해 이 이야기에 귀 기울여 보세요

 옛말에 사람은 거두지 말라는 말이 있습니다.
 그 말의 뜻은 사람은 배신의 동물이라는 말이기도 합니다. 하지만, 참 모순의 말이기도 합니다. 왜냐하면, 그 말을 하는 사람조차도 곧 배신을 할 것이기 때문입니다.
 동물은 배신하는 법이 없을까요? 집에서 기르는 개들이 새끼를 낳으면, 모성애로 잘 보살핍니다. 그리고 잘 키우고 크다가, 어느 정도 젖을 떼고 밥을 먹기 시작하는데 사료를 가져다 주면 어미개와 새끼들이 밥을 서로 먹겠다고 싸우는 것을 보기도 합니다. 동물의 왕국을 보면, 그런 내용들은 더 자주 나옵니다.
 하지만, 그들에게 배신이라는 상처가 있을까요?

아마도 없을 것입니다.

배신은 믿음에 대한 배반감을 이야기 합니다. 그러니까, 배신은 믿음을 져버린 것입니다.

다시 말해서 믿음이 있었기 때문에 배신이 있는 것이지 믿음이 없으면, 배신도 없습니다. 동물의 세계에는 믿음이 없는지도 모릅니다.

그래서 배신도 없고, 배신감도 없습니다

당신의 배신감은 당신의 믿음에서 비롯된 것입니다.

그러면 이런 생각이 들것입니다.

'그러면, 살면서 믿음이 없이 살아야 한다는 말인가?'

믿음보다 중요한 가치가 있다는 것입니다. 그것은 사랑입니다.

당신이 배신감을 느꼈던 그 사람을 당신은 사랑했습니까?

아이러니하게도 당신이 사랑한 사람은 당신을 배신해도 밉지 않습니다.

당신의 자녀를 보세요. 당신의 부모님을 보세요.

그들이 당신의 기대에 못 미쳐도 당신은 그들을 끌어안고 살아갑니다.

만약 그렇지 못하다면, 당신은 그들을 진짜로 사랑하는 것이 아닙니다.

믿음은 늘 배신을 줍니다.

사랑하세요. 이 정지버튼은 이제 사랑버튼이 됩니다.

당신의 안에서 사랑이 넘쳐날 때, 당신이 소중하게 생각했던 모든 가치들은 다시 재 정립될 것입니다.

오직 믿음은 당신이 사랑하는 존재라는 것에만 국한되어야 합니다.

그러므로 믿음은 밖으로 향하는 것이 아니라, 안으로 향하는 것이 됩니다.

그리고 그것은 스스로에 대한 점검이며, 존재에 대한 확신입니다.

정지버튼을 누를 때마다 사랑이 흘러 넘치기를 바랍니다.

직장을 잃었어요.

당신은 지금 직장을 잃어서 매우 기분이 좋지 않군요.

당신을 위로합니다.

하지만, 지금 당신은 정지버튼을 통해서 그 좋지 않은 기분을 정지시키는 훌륭한 일을 해내셨습니다. 정말로 대단한 일을 하신 겁니다.

왜냐하면, 당신이 지금 당신의 감정을 정지시키지 않았다면, 당신의 감정은 당신은 물론이고 당신의 주변까지 송두리째 우울한 기분에 사로잡혔을지도 모르니까요.

이제 더 행복한 삶을 위해 이 이야기에 귀 기울여 보세요

살면서 우리는 참 여러 가지 위기들을 맞이 합니다.

그리고 어떤 때는 그 위기로 인해 삶의 전환이 이루어지기도 합니다.

'새옹지마'라는 말을 굳이 떠올리지 않아도, 삶 속에서는 늘 생각했던 결과와 다른 것들이 수반되는 경우가 많습니다.

어떤 때는 정말 좋은 일인 것 같았던 일이 결과적으로 자신에게 큰 위협이 되기도 하구요. 어떤 때는 정말 절망스러웠던 일이 결과적으로는 자신에게 큰 도움이 되기도 합니다.

인생은 이와 같이 예측할 수 없는 것 같습니다. 그래서 서양에서도, "이 또한 지나가리"라는 말이 있는 것 같습니다.

그런데, 이 시점에서 우리는 한가지 생각해 볼 것이 있습니다.

우리는 삶 속에서 늘 세 가지의 안정을 추구 합니다.

그것은 건강과 재산, 그리고 사회적 지위의 안정입니다.

누구나 추구하는 이 안정을 통해서 우리는 궁극적으로 무엇을 추구할까요?

그것은 바로 정신적 안정입니다.

그런데 이 세 가지의 안정은 두 가지의 특징을 가지고 있습니다.

첫 번째 특징은 이 세가지는 끝까지 안정이 유지되지 않는다는 것입니다. 나이가 들고 시간이 가면 언젠가 무너지는 것입니다.

특히 건강은 몸이 나이 들면, 무너질 수 밖에 없는 것이지요.

두 번째 특징은, 한가지만 무너지면 정신적 안정은 자동으로 무너진다는 것입니다.

그러니까 이 세가지가 안정된 상태에 있다고 하더라도, 그 중 하나가 무너지면, 모두 무너진다는 결론에 도달합니다. 우리가 맞이할 미래가 참 암담하군요.

그런데 아주 이상한 사람들이 있습니다.

그들은 세 가지의 안정을 통해서 정신적 안정을 유지하는 것이 아니라, 정신적 안정을 먼저 추구한다는 것입니다.

그런데 좀 이상한 일이 일어납니다.

그것은, 정신적 안정이 추구되면 자연스럽게 건강과 재산 그리고 사회적 지위가 찾아온다는 것입니다.

성립되고 나면 똑 같은 그림이지만, 성립되는 과정은 많이 다릅니다.

후자는, 정신적 안정을 떠받치고 있는 세 가지의 안정이 위협받더라도 정신적 안정을 위협하지 않습니다.

당신은 지금 직장을 잃어서 다른 것들까지 잃을지 아니면, 직장을 잃었지만 정신을 가다듬고 더 좋은 미래로 도약할지 선택의 기로에 놓여있습니다.

만약 당신이 전자를 선택한다면, 당신을 기다리는 미래는 암담할 것입니다. 하지만, 후자를 선택한다면, 당신의 미래는 지금보다 훨씬 더 빛나는 미래가 될 것입니다.

그렇지만, 벌써 당신은 정지버튼을 눌렀고 그 정지버튼은 후자를 선택하는 버튼이 되었습니다. 이미 당신에게는 찬란한 미래가 다가오고 있습니다.

이제 당신이 할 일은 지금 이순간 그 찬란한 미래를 만드는 일입니다.

슬픔에서 벗어나, 당신의 고귀하고 훌륭한 모습을 세상에 증명하세요.

당신은 그렇기에 너무도 충분한 사람입니다.

재산을 잃었어요.

당신은 당신이 가진 재산을 잃어 상심에 빠졌군요.

당신을 위로합니다.

하지만, 지금 당신은 정지버튼을 통해서 그 상실감을 정지시키는 훌륭한 일을 해내셨습니다. 정말로 대단한 일을 하신 겁니다.

왜냐하면, 당신이 지금 당신의 감정을 정지시키지 않았다면, 당신의 감정은 당신은 물론이고 당신의 주변까지 송두리째 상실감이 집어삼켰을지도 모르니까요.

이제 더 행복한 삶을 위해 이 이야기에 귀 기울여 보세요.

거미 이야기가 있습니다.

숲 속을 걷다 보면 나무와 나무 사이에 어떻게 그렇게 크고 웅장한 거미집을 지었을지 모를 정도의 아름다운 거미집들이 있습니다.

한번은 이슬에 젖어 빛나는 거미집에 큰 말벌 한 마리가 붙었다가 발버둥 치는 바람에, 거미집이 찢어지고 말았습니다.

많이 찢긴 거미집이지만, 거미는 묵묵히 그 집을 수리해 갑니다.

저는 그 거미집을 수리하는 거미를 보면서 생각했습니다.

우리의 삶도 저 거미와 같이, 수많은 거미줄이 엉켜있는 것처럼, 그리고 그 많은 것들이 엉켜서 만든 집에 우리가 살아간다는 것을 알게 되었습니다.

그런데, 어떤 사람들은 마치 자신이 믿고 있었던 어떤 것들에 대한 상실을 만났을 때 자신의 삶마저 포기하는 경우를 보았습니다.

거미줄에 대입해서 보면, 그냥 줄 하나 끊어졌을 뿐인데 말입니다.

그건 그냥 다시 시작하면 될 일인데 말입니다.

우리의 삶에서 중요한 것은 우리의 정신입니다.

정신은 우리를 가난하게도 만들고 부자로도 만듭니다.

정신은 우리를 행복하게도 만들고 불행하게도 만듭니다.

정신에 의해서 우리의 삶은 달라지는데, 달라진 세상은 우리의 눈으로 보게 되니까, 정신이 만들어 놓은 세상을 보면서도 우리는 그것이 우리가 만든 세상인지를 알아차리지 못합니다. 참 안타까운 일입니다.

하지만, 당신은 정지버튼을 눌렀습니다. 그것은 바로, 이상한 것을 알아차렸을 때 누르는 알람 같은 것입니다.

당신은 당신의 상실감이 더 이상 진행되어서는 안 된다고 이미 알고 있습니다.

그래서 당신은 정지버튼을 눌렀고, 이제 정신을 차리게 되었습니다.

무엇이 중요한 것인지 알아차리게 되었습니다.

당신에게 중요한 것은 돈이 아니라, 정신입니다.

정신을 바짝 차리고 나갈 때, 돈이 당신을 따릅니다.

당신은 그 수업료를 냈다고 생각하셔도 좋습니다.

수업료는 학교에서 돌려주지 않습니다. 세상에서 돌려받는 것이지요.

정지버튼은 세상에서 수업료를 돌려받는 시작을 알리는 버튼입니다.

상실감을 멈추고, 정신을 바로 세우고, 한발씩 한발씩 나가 보세요.

당신을 위한 찬란한 미래가 당신을 기다리고 있습니다.

그것은 지금까지 당신이 겪어보지 못한 아름다운 미래입니다.

건강을 잃어서 우울해요.

당신은 건강이 나빠져서 절망에 빠져 있군요.

당신을 위로합니다.

하지만, 지금 당신은 정지버튼을 통해서 그 배신감을 정지시키는 훌륭한 일을 해내셨습니다. 정말로 대단한 일을 하신 겁니다.

왜냐하면, 당신이 지금 당신의 감정을 정지시키지 않았다면, 당신의 감정은 당신은 물론이고 당신의 주변까지 송두리째 절망감이 집어삼켰을지도 모르니까요.

이제 더 행복한 삶을 위해 이 이야기에 귀 기울여 보세요

사람들은 건강이 세상에서 가장 중요하다고 말합니다.

매우 그럴듯한 말입니다.

어떤 사람들은 120세까지 살 계획을 세우고 살아가야 한다고도 이야기합니다.

그것도 그럴듯한 말입니다.

그럴 때마다 저는 그들에게 짓궂은 질문을 합니다.

"제가 건강한 사람들이 많은 곳 알려드릴까요?"

그럼 그들은 어디냐고 묻습니다.

저는 웃으면서, "교도소에 가면, 흉악범들이 온몸에 문신을 하고, 건강하게 운동하고 있는데, 그들이 부러우세요?"라고 물으면, 고개를 가로젓

습니다.

그들은 이미 알고 있습니다. 건강이 아니라, 정신이 가장 중요하고, 정신이 잘 다듬어졌다는 것을 전제로 건강이 제일 중요하다고 이야기하고 있는 것입니다.

하지만, 정신이 잘 다듬어지는 것은 매우 어려운 일입니다.

또 120세까지 사는 계획을 하는 분들에게도 묻습니다.

그럼, 120세까지 살고 나면, 삶에 대해서 아무런 미련도 남지 않는 것인가요?

그러면 그들은 대답을 하지 못합니다.

참 이상하죠? 그 정도 살았으면, 죽음도 겸허하게 받아들일 것 같은데, 누구에게나 죽음은 낯설고 반가운 것이 아닙니다.

그러면, 우리는 이 두 가지 사실을 통해서 얻게 되는 한가지의 진리가 있습니다.

"누구나 언젠가는 죽게 되고, 사는 동안에 가장 중요한 가치는 정신이다"라는 결과 말입니다. 지금 당신의 건강은 금새 회복되는 것일 수도 있고, 매우 위중한 것일 수도 있습니다. 금새 회복되는 것이라면, 아무 걱정할 일이 없습니다. 그냥 한때 잠깐의 걱정입니다. 하지만, 위중한 것이라면, 그것도 걱정할 것 없습니다. 누구에게나 오는 일이고, 걱정한다고 개선할 수 있는 일이 아닙니다.

오직 할 수 있는 일은 지금 내가 할 수 있는 일에 집중하는 것입니다. 그리고 그것이 당신의 정신을 바로잡게 합니다.

당신은 건강 때문에 정신이 흐려지는 것이 이상하기 때문에 정지버튼을 누른 것입니다.

건강은 당신의 뜻대로 할 수 없는 경우가 많습니다.

하지만, 거꾸로는 가능합니다. 당신이 당신의 정신을 바로 세우면, 건강을 되찾게 될 수 있으며, 또한 개선할 수 있고 더 나아가서 장수 할 수 있습니다.

그리고, 언젠가 맞이할 죽음에 대해서 조차 당신은 당당하고 초연할 것임으로 그것을 담담하게 맞이하게 될 것입니다.

이것이 몸의 아름다운 마무리입니다.

당신이 누른 정지버튼은 당신의 몸에 대한 걱정을 멈추고, 정신을 맑게 하고 향기롭게 하여 몸의 건강을 개선하는 신비한 버튼이 됩니다.

정지버튼을 자주 누르면서 큰 숨을 따라서 쉬어 보세요.

퇴직해서 우울해요.

당신은 직장을 떠남으로 인해 기분이 나쁘고 우울감에 빠져 있군요.

당신을 위로합니다.

하지만, 지금 당신은 정지버튼을 통해서 그 우울감을 정지시키는 훌륭한 일을 해내셨습니다. 정말로 대단한 일을 하신 겁니다.

왜냐하면, 당신이 지금 당신의 감정을 정지시키지 않았다면, 당신의 감정은 당신은 물론이고 당신의 주변까지 송두리째 우울감이 집어삼켰을지도 모르니까요.

이제 더 행복한 삶을 위해 이 이야기에 귀 기울여 보세요

당신의 퇴직이 정년을 다 채운 후의 것인지 아니면 조기 퇴직인지 모릅니다.

두 가지가 사뭇 다르다고 느낄 수 있지만, 결국은 하나입니다.

왜냐하면, 그 동안 당신은 당신의 존재를 다니던 직장에 기대어 있었기 때문입니다.

당신은 스스로 존재해야 하는데, 그 직장에 기대어 존재하고 있었습니다.

이것은 당신뿐만 아니라, 모든 사람들의 특징입니다.

모든 사람들은 스스로 존재하는 방법을 알지 못합니다.

그래서 자신의 직장이나, 가정, 재산이나 지적 능력, 이런 것들이 모여

서 자신을 형성한다고 봅니다. 하지만, 이것은 온당하지 않습니다.

이런 생각들 때문에 감정들이 일어나기를 반복하는 것입니다.

당신을 형성하고 있는 모든 것들을 한번 생각해 보세요.

그 모든 것들은 당신 자체가 아니고, 당신의 소유입니다.

하지만, 이 소유는 오래가지 않습니다.

잠시 당신이 가졌다가 사라지는 것들입니다.

지금 당신이 우울해하는 직장도 마찬가지입니다.

당신은 몇 번의 직장을 바꿨을 수도 있고, 한 직장을 평생 갖다가 이번에 이별을 맞을 수도 있습니다. 이것은 사람과의 관계도 마찬가지 입니다.

이것은 이별입니다.

모든 만남은 이별을 전제하고 있습니다.

만남이 있으면, 이별이 있습니다.

이 이별을 통해서 우리는 철저하게 독립된 존재라는 사실을 깨달아야 합니다.

학교를 졸업했을 때, 다음 진학이 있었던 것처럼, 당신에게도 이제 다음 만남이 있습니다.

하지만, 그 만남도 그리 중요하지 않습니다. 그 만남도 곧 이별이 올 테니까요.

당신은 온전히 혼자인 자신을 마주해야 합니다. 조금 두려울지도 모릅니다. 혼자서 서본 경험이 없기 때문입니다.

그래서 당신에게 추천합니다.

나는 누구인가?

삶은 무엇인가?

어떻게 사는 것이 참된 삶인가?

나는 왜 살아야 하는가?

하는 철학적 질문에 대하여 펜을 들고 그 답들을 써보세요.

그러는 동안 당신은 당신이 누구인지 발견하게 될지도 모릅니다.

만약 처음에 발견하지 못했다면, 다음 번, 그 다음 번에는 틀림없이 발견하게 될 것입니다.

당신이 누른 정지버튼은 당신의 삶을 다시 시작하도록 하는 리셋버튼이 될 것입니다.

당신은 이제 정지버튼을 눌러 막연한 우울을 버리고, 펜을 들고 당신의 우울함을 뚫고 나아갈 것입니다. 당신은 충분히 할 수 있고, 당연히 해야 합니다.

그것이 정지버튼의 마법입니다.

나이 들어가면서 우울해요.

당신은 나이가 들어가면서 우울함에 빠져 있군요.

당신을 위로합니다.

하지만, 지금 당신은 정지버튼을 통해서 그 우울감을 정지시키는 훌륭한 일을 해내셨습니다. 정말로 대단한 일을 하신 겁니다.

왜냐하면, 당신이 지금 당신의 감정을 정지시키지 않았다면, 당신의 감정은 당신은 물론이고 당신의 주변까지 송두리째 절망감이 집어삼켰을지도 모르니까요.

이제 더 행복한 삶을 위해 이 이야기에 귀 기울여 보세요

당신은 아마 나이가 들고 신체기능이 예전처럼 작동하지 못하는 데서 오는 우울함을 만나고 있을 것입니다.

많은 사람들이 나이가 들면 만나게 되는 우울감입니다.

당신의 젊은 시절을 한번 떠올려볼까요?

당신은 활기에 차 있고, 당신의 생각은 매우 합리적이고, 논리적 이었을 것입니다.

그리고 지금 나이가 들어있는 당신은 어떤가요?

몸이 생각대로 움직이지 않고, 구석구석 아픈 곳들이 생기는데, 혹시 당신의 생각이 나이 들었다고 여겨지나요?

아주 이상하게도 몸은 늙어가는데, 생각은 늙지 않았다는 것을 알게

될 것입니다.

 물론 기억력이나 몇 가지 기능들은 떨어졌다고 생각이 들지 몰라도 전반적으로 당신은 당신의 생각이 늙었다고 여겨지지는 않을 것입니다.

 당신이 만약 당신의 생각이 나이 들었다고 인정한다면, 당신에게는 이 우울감이 찾아오지 않습니다.

 당신에게 찾아온 이 우울감은 당신의 생각은 나이 들지 않는데, 몸이 늙어서 생각대로 몸이 작동하지 않기 때문에 오는 것이기 때문입니다.

 당신이 이 사실을 받아들인다면, 당신은 또 다른 모순을 보게 됩니다.

 그것은, 몸이 늙는 것은 너무나 당연한 것인데, 몸에 따라 생각이 늙지 않는 것에 대해서, 그 신비함을 발견하고 관찰하며, 그것을 발전시키는데 당신의 에너지를 사용하는 대신에, 당신은 당연히 늙어갈 몸에 대한 걱정으로 당신의 에너지를 사용하고 우울감으로 지쳐간다는 사실 입니다.

 당신은 그것의 모순을 알아차리지는 못했지만, 뭔가 이상하다는 것은 알았습니다.

 그렇기 때문에 정지버튼을 누르세 된 것입니다.

 당신이 누른 이 정지버튼은 이제 당신에게 그 모순을 통찰하고, 당신의 영적 능력을 키워주는 매우 훌륭한 일을 해나갈 것입니다.

 당신은 늙어가는 몸을 운전하고 있는 운전사입니다.

 당신이 타고 있는 차가 낡았다고 해서 당신이 낡은 것이 아닙니다.

 당신은 당신이 타고 있는 차와 운명을 함께 하지 않습니다.

 당신은 당신이 타고 있는 차를 운전하는 동안, 운전사로서의 기능을 최고로 끌어올려야 합니다. 그것은 목적지에 도착해서는 운전하는 기능이 필요한 것이 아니라, 운전하는 동안 삶 속에서의 깨달음이 훨씬 더 필요하기 때문입니다.

당신은 운전에 집중되어야 하는데, 차에 집중하였습니다.

그것은 당신이 운전사이기 전에 고귀한 존재라는 사실을 망각했기 때문입니다.

차에 집중하면, 운전사에 불과합니다. 하지만, 운전에 집중하면 당신은 스스로 자신이 운전사만은 아니라는 사실을 깨닫게 될 것입니다.

이 정지버튼은 당신의 우울을 정지시키고, 이제 당신이 남은 삶을 어떻게 살아야 진정한 자신으로 살아갈지에 대한 물음의 버튼입니다.

이 버튼을 통해서 당신의 삶을 고귀하게 시작해보세요.

직장에서 외톨이가
된 것 같아 우울해요.

　당신은 지금 사람들과의 관계에서 소외감을 느끼고 우울감에 빠져 있군요.
　당신을 위로합니다.
　하지만, 지금 당신은 정지버튼을 통해서 그 소외감을 정지시키는 훌륭한 일을 해내셨습니다. 정말로 대단한 일을 하신 겁니다.
　왜냐하면, 당신이 지금 당신의 감정을 정지시키지 않았다면, 당신의 감정은 당신은 물론이고 당신의 주변까지 송두리째 절망감이 집어삼켰을지도 모르니까요.
　이제 더 행복한 삶을 위해 이 이야기에 귀 기울여 보세요

　당신은 직장에서 동료들과 어울리기 힘들군요.
　공통의 소통 주제를 찾기에 힘들고 그들과 공감대를 갖는 것에 어려움을 겪고 있습니다. 한번 더 나아간다면, 당신은 동료들이 당신을 피하거나 대하기 껄끄러워 한다고 생각할 수도 있습니다.
　함께 지내면서 그런 생각들을 하게 된다면 참 힘든 일일 것입니다.
　하지만, 한번 생각해 보세요.
　당신이 지내던 학창시절의 당신은 어땠나요?
　당신과 친한 몇몇과는 소통이 잘 되었지만, 그렇지 않은 친구들과는

힘든 사이였을 것입니다. 이것은 누구도 마찬가지 입니다.

사람들은 누구나 모두와 가깝게 지낼 수 없습니다.

그냥 친한 몇몇과 가까이 지내게 됩니다.

하지만, 모든 사람들은 많은 사람들과 가까이 지내기를 바랍니다.

이것은 욕심일 뿐입니다.

자기 자신에 대해서 조차 제대로 알지 못하는 사람이 어떻게 모두와 가까이 지낼 수 있을까요?

아무리 유명한 사람도, 아무리 사교적인 사람도 결국 혼자라는 것을 깨닫는 날이 있습니다. 하지만, 당신은 소통을 위한 노력을 해야만 하기도 합니다.

왜냐하면, 소통을 통해서 당신은 당신에 대해서 더 잘 알게 될 수도 있고, 당신의 부족함을 채울 수도 있기 때문입니다. 그래서 당신은 다른 사람들이 당신을 이해하지 못하기 때문에 당신이 외톨이가 되어 간다고 생각하고, 그들과의 관계를 꺼려할 필요는 없습니다.

당신은 다만, 그들과의 원만한 관계를 위해 노력하면서 당신 자신을 발전시키는 것이 필요합니다. 다시 말하면, 그들과 잘 어울리기 위해 당신을 포기하지 말라는 말입니다.

많은 사람들은 자신을 버리고 군중 속의 자신을 선택합니다.

이것은 주변인들이 하는 일입니다.

당신은 당신 세상의 주인입니다. 당신은 당신 자신의 모습을 찾아가는 도구로서 타인과의 관계를 발전시켜 나가야 합니다.

그러기 위해서 당신은 그들의 말에 귀를 기울일 필요가 있습니다. 당신이 동료의 말에 귀 기울이고, 뭔가를 배우기 위해 애쓴다면, 누가 당신을 싫어할까요?

당신이 여기서부터 출발하면 됩니다.

동료들을 존중하고, 배려하면서 당신을 낮추지만, 당신의 저력은 거기서부터 싹트게 될 것입니다. 당신은 정지버튼을 통해서 자신의 우울감을 정지시킴과 동시에 그 동안 당신에게 있을지도 모르는 좋지 않은 습관들을 정지할 수도 있습니다. 그리고 나아가서 타인을 존중하고, 경청하며, 긍정의 마음을 시작할 수도 있습니다. 어떤 경우에는 내성적인 자신을 정지시키고, 그들의 말에 깊은 공감의 표현으로 고개를 끄덕이는 미덕으로 향하게 할 수도 있습니다.

당신의 시작이 무엇이었건 간에 당신이 정지버튼을 누르는 순간, 당신의 나중은 매우 좋을 것입니다.

당신은 그렇게 하기에 매우 합당한 훌륭한 사람이니까요.

학교에서 왕따가 되어 우울해요.

당신은 학교에서 따돌림을 당해 매우 우울함에 빠져 있군요.

당신을 위로합니다.

하지만, 지금 당신은 정지버튼을 통해서 그 우울감을 정지시키는 훌륭한 일을 해내셨습니다. 정말로 대단한 일을 하신 겁니다.

왜냐하면, 당신이 지금 당신의 감정을 정지시키지 않았다면, 당신의 감정은 당신은 물론이고 당신의 주변까지 송두리째 우울감이 집어삼켰을지도 모르니까요.

이제 더 행복한 삶을 위해 이 이야기에 귀 기울여 보세요

당신은 원인을 알 수 없는 이유로 친구들로부터 따돌림을 당했을 것입니다.

어떤 경우는 이유를 짐작할 수 있을 지도 모릅니다.

하지만, 당신이 생각하는 어떤 이유도 그리 중요하지는 않습니다.

왜냐하면, 따돌림을 하는 사람조차, 자신이 왜 따돌림을 하고 있는지 정확한 이유를 스스로, 제대로 알지는 못할 것이기 때문입니다.

따돌림을 하는 친구들에 대해서 한번 생각해보세요.

친구들은 삼삼오오 모여서 당신에 대해 이야기 하고 키득거릴 수도 있고, 의도한 듯 당신을 괴롭힐 수도 있습니다.

그들은 그것을 재미있다고 느낄 것입니다.

그런 그들의 행동은 어디에서 나왔을까요?

그들은 자신의 행동이 그것을 당하는 사람에게는 얼마나 괴로운 일인지를 알지 못합니다.

그것을 알지 못하는 것은 그들은 매우 이기적인 가정에서 자랐을 가능성이 높습니다.

그들은 타인의 감정을 배려하지 못하는 매우 불안정한 정서상태를 가졌습니다. 그리고 따돌림을 주도하는 세력에 붙어서 함께 따돌림을 하는 친구들도 무지하기는 마찬가지 입니다. 그리고 당신은 그 한가운데서 괴로워하고 있는 것이지요.

하지만, 당신은 그 괴로움 덕분에, 타인의 감정을 이해하지 못하는 폭력적인 마음의 상태가 다른 사람들을 괴롭힐 수도 있다는 매우 중요한 교훈을 얻게 되었을 것입니다. 당신이 어떻게 자랐는지는 알 수 없지만, 당신은 이런 따돌림을 통해서, 그것을 충분히 배울 수 있습니다. 왜냐하면, 당신은 그것이 이상하다는 것을 알아 챘으므로 정지버튼을 눌렀을 것이기 때문입니다. 당신이 괴로운 것은 매우 이상한 일입니다.

당신은 행복해야 하는데, 당신에게 괴로움이 왔다면 이상한 일이고, 당신은 그 이상한 일을 정지시키고 싶어서 이 정지버튼을 눌렀고, 당신의 감정이 일시 정지 되는 동안 당신은 당신에게 일어난 훌륭한 일을 바라봐야 합니다. 그것은 바로 당신의 괴로움을 통해 당신은 당신에게 괴로움을 준 사람들의 정서에 장애가 있다는 사실을 알게 되었고, 당신에게는 타인의 마음을 이해하려는 마음이 어떤 것인지를 배우게 되는 소중한 기회가 되었습니다.

당신이 누른 정지버튼은 당신이 따돌림으로부터의 괴로운 마음을 정지시키기도 하지만, 그들의 불쌍함을 이해하는 이해의 버튼이 되기도 하며, 그들을 통해 배움이 생기는 배움의 버튼이기도 하며, 당신의 마음에서 역지사지의 마음을 시작시키는 작동 버튼이기도 합니다.

필요할 때마다 정지버튼을 누르고, 그들과 다른 차원의 당신을 느껴보세요.

당신이 정지버튼을 누르는 순간 당신은 그들과는 다른 차원의 존재가 된다는 사실을 잊지 마세요.

잠을 푹 잘 수 없어 우울해요.

당신은 잠을 잘 수 없어서 우울함에 빠져 있군요.

당신을 위로합니다.

하지만, 지금 당신은 정지버튼을 통해서 그 우울함을 정지시키는 훌륭한 일을 해내셨습니다. 정말로 대단한 일을 하신 겁니다.

왜냐하면, 당신이 지금 당신의 감정을 정지시키지 않았다면, 당신의 감정은 당신은 물론이고 당신의 주변까지 송두리째 우울함이 집어삼켰을지도 모르니까요.

이제 더 행복한 삶을 위해 이 이야기에 귀 기울여 보세요

당신은 잠에 들고 싶지만, 잠을 뒤척이게 되고, 약의 힘을 빌거나, 겨우 새벽에야 잠에 들게 되어 찌뿌둥하고 지친 하루를 반복하게 될 수도 있습니다.

당신이 잠에 들지 못하는 것은 당신의 걱정 때문인지 당신의 우울증 때문인지 알 수 없지만, 당신이 잠에 들지 못하는 것이 당신의 걱정을 가중시키고, 우울증을 증폭시키고 있는 것은 사실일 것입니다.

만약 당신이 잠에 들지 못하는 원인을 알지 못하고, 그냥 잠에 들기만을 원한다면, 당신은 잠에 들어야 한다는 강박 속에 있을 수 있습니다.

당신의 의식도 몸처럼 습에 의해 움직입니다.

당신의 의식은 몸이 잠에 들어야 하는데 잠이 들지 않는 것에 괴로워

할 수 있습니다. 하지만, 이것은 당신의 고정관념일 뿐입니다. 당신이 잠에 들지 않는다면, 당신은 당장 일어나 책을 보거나, 깊은 생각에 잠겨보세요.

당신은 깨어있는 소중한 시간을 잠들기 위해 쓰고 있는 이상한 일상을 반복하고 있을 수 있습니다. 그리고 또 한 편의 깨어 있는 시간을 비몽사몽으로 보내고 있지요.

당신의 의식은 온통 바깥세상에서 사용 당하다가 껍데기처럼 버려져 침대에 누워 멍한 상태로 잠을 청할 수도 있습니다.

당신이 의식을 당신 스스로 사용하고 있다면, 당신은 지금과 같은 일을 반복할 필요가 없습니다.

또한 당신의 몸은 하루에 적당한 시간의 잠의 휴식을 바랄 수도 있습니다.

그리고 절대시간은 일반인들과 비슷한 정도의 수면을 하고 있을 수도 있습니다.

하지만, 당신의 몸은 현대의 수많은 요인들로 인해 자신이 의식하지 못하는 괴로움을 당하고 있는지도 모릅니다. 카페인과 스트레스 혹은 잘못된 식습관이나, 운동습관 등이 거기에 해당될 수 있습니다.

당신은 의식적으로 당신을 성찰해야 합니다. 그리고 분명히 잘못된 하나를 찾아내야 합니다. 하나에 집중하세요.

예를 들어 당신은 지친 몸으로 퇴근해 TV를 보다가 지쳐 떨어져서야 잠에 들거나, 새벽에 깨자마자 휴대폰을 보거나, 일과 중에 커피를 많이 마시거나, 하는 행위에 젖어있다가 수면에 장애가 왔다는 것을 수면에 들 때에만 알아차리는 악순환을 멈춰야 된다는 말입니다.

당신의 의식이 깨어있는 상태에서 당신은 당신을 조율할 수 있습니다.

즉, 이 정지버튼을 잠들지 못하는 순간에 누르는 것도 좋지만, 일과 중에 당신이 잠들 때 영향을 줄 수 있는 나쁜 습관들을 개선하기 위해서 누르는 것도 매우 좋다는 뜻입니다.

당신이 그 핵심적인 하나의 잘못된 습관을 찾아내게 된다면, 당신은 이 정지버튼을 그것을 바꾸는데 사용해야 합니다.

그것을 바꾸기 위해 당신은 정지버튼을 누르고, 조금씩 개선해 나아갑니다.

그러는 동안 당신에게 찾아올 부수적인 변화가 바로 수면장애를 극복하는것이 될 것입니다.

지금 당신이 겪는 그 일은 수많은 다른 원인들을 대표하는 것이기 때문입니다.

이제 당신은 정지버튼으로 당신의 잘못된 습관을 바로잡고 숙면을 할 수 있게 될 것입니다.

식구들이 더 이상 저를 필요로 하지 않아 우울해요.

당신은 지금 가족들과의 관계 때문에 우울함에 빠져 있군요.

당신을 위로합니다.

하지만, 지금 당신은 정지버튼을 통해서 그 우울함을 정지시키는 훌륭한 일을 해내셨습니다. 정말로 대단한 일을 하신 겁니다.

왜냐하면, 당신이 지금 당신의 감정을 정지시키지 않았다면, 당신의 감정은 당신은 물론이고 당신의 주변까지 송두리째 우울증이 집어삼켰을지도 모르니까요.

이제 더 행복한 삶을 위해 이 이야기에 귀 기울여 보세요.

당신은 엄마로서 혹은 아빠로서 아마 많은 시간을 가족을 위해 애써왔을 것입니다. 하지만, 어느 순간 당신은 당신이 없어도 당신의 가족들이 별 이상 없이 잘 살 것 같다는 생각에 자신의 존재감에 큰 상처를 입었을 것입니다.

당신이 부모로서, 자녀들에 의해 없어서는 안될 존재였는데, 이제는 아무런 쓸모가 없어진 것처럼 당신은 느끼게 되고 그런 것들은 당신으로 하여금 헤어나올 수 없는 슬픔과 우울을 느끼게 했을 것입니다.

하지만, 이것은 당신만이 느끼고 있는 것이 아닙니다.

세상을 살아가는 모든 사람들이 나이가 들어가면서 겪어야 할 통과의 례 같은 것일 수 있습니다. 그렇지만, 이것은 매우 이상한 일입니다. 왜냐하면, 당신의 존재가 가족들로 인해 귀하게 되거나 천하게 되거나 한다는 것입니다. 그들이 필요할 때는 매우 중요한 존재였다가 그들에게 필요가 없어지면 버려져야 하는 존재가 우리들 자신이라면, 우리가 기계와 다른 것이 무엇일까요?

낡고 쓸모 없어지면 버려지는 것, 그것이 기계입니다.

대부분의 사람들이 당신과 비슷한 환경에서 괴로워하고 슬퍼합니다.

하지만, 어떤 사람들은 스스로 자신의 존재의 가치를 정합니다. 흔들림 없이 자신의 존재를 규정합니다.

그들에게 있는 아주 귀한 특징중의 하나는 사랑을 주면서 행복을 찾는다는 것입니다. 아마도 당신은 가족들에게 사랑을 주기도 많이 했지만, 받고 싶어했을 수도 있습니다. 자신이 그 동안 해준만큼은 아니더라도 조금이라도 돌려받고 싶었는데, 이제는 자신을 나 몰라라 하는 가족들을 보면서 매우 괘씸하고 미운 생각이 들었을 수 있습니다. 이것이 잘못된 것이라는 말이 아닙니다. 이것은 당연한 것이지만, 이 당연한 생각이 왜 당신을 괴롭게 하는지를 이야기 하고 있습니다.

당신이 돌려받고 싶은 사랑의 크기만큼 당신의 실망과 상처와 불행은 커져갑니다.

그런데 귀한 특징을 가진 사람들은 자신의 기득권을 포기하고 그냥 사랑을 주기만 합니다.

왜냐하면, 사랑을 주는 동안 이미 그는 사랑을 받았다는 것을 알기 때문입니다.

사랑을 주기 위해서 사랑이 생겨나야 합니다. 그렇기 때문에 사랑을 준다는 것은 이미 받은 것입니다.

그것은 당신이 이미 겪었던 일이고 해왔던 일입니다.

하지만, 우리는 순간 그것을 망각합니다.

그렇지만, 당신은 지금 정지버튼을 눌렀습니다.

그랬기 때문에 당신은 이제 그 무지에서 벗어나게 되고 다시 사랑할 수 있게 되었습니다.

이 정지버튼은 당신이 사랑 받는 중독에서 벗어나 사랑하는 사람이 되게 하는 사랑의 버튼입니다.

당신이 이 버튼을 누르는 순간 당신의 세상은 아름답게 변할 것입니다.

이 버튼은 당신의 세상을 천국으로 바꾸는 버튼이기 때문입니다.

아무도 나에게 관심이 없어 우울해요.

당신은 주변 사람들이 당신에게 관심을 두지 않아 우울함에 빠져 있군요.

당신을 위로합니다.

하지만, 지금 당신은 정지버튼을 통해서 그 우울감을 정지시키는 훌륭한 일을 해내셨습니다. 정말로 대단한 일을 하신 겁니다.

왜냐하면, 당신이 지금 당신의 감정을 정지시키지 않았다면, 당신의 감정은 당신은 물론이고 당신의 주변까지 송두리째 우울감이 집어삼켰을지도 모르니까요.

이제 더 행복한 삶을 위해 이 이야기에 귀 기울여 보세요.

사람들은 흔히 다른 사람들의 관심을 받고 싶어합니다. 그렇기 때문에 요즘의 세대는 SNS의 시대가 되었습니다.

조금이라도 타인의 관심을 받고 싶어서 몸부림치는 시대가 되었습니다.

그래서 타인보다 좋은 것을 먹은 것을 올리거나 좋은 옷을 사진으로 찍어 올리고 좋은 차 좋은 집을 찍어서 올립니다.

하지만, 그 끝은 어디 있을까요?

과연 승자가 있기나 한 것일까요?

그것이 그렇게 중요한 것일까요?

그렇다면, 왜 우리는 이토록 타인의 관심을 받고 싶어할까요?

그것은 바로 마음의 원리에 있습니다.

우리는 마치 거울 앞에 서서 거울에게 세상에서 제일 예쁜 사람이 누구인지를 묻는 백설공주의 계모, 왕비와 같습니다.

그 왕비처럼, 거울의 이야기가 우리에게는 진실이라는 믿음이 있습니다.

그 거울은 바로 세상입니다. 타인입니다.

그 거울이 "세상에서 당신이 가장 멋져요"라고 해주지 않는 한 우리의 욕망의 전차는 멈추지 않을 것입니다. 하지만, 이런 질주는 뭔가 이상합니다. 왜냐하면, 분명 승리하는 자가 있어야 할 텐데 아무도 승리하지 못하는 게임이기 때문입니다.

모두가 일등이 되기를 바라지만, 아무도 일등이 되지 못합니다.

학교에서는 모두 남들보다 잘해야 된다고 배웠는데, 남들보다 잘 할 수 있는 방법은 없습니다. 즉 1등을 할 수 있는 방법은 없다는 뜻입니다.

왜냐하면, 세계에서 1등을 해도 곧 내려와야 하지 않습니까?

타인의 관심을 받는 것도 마찬가지 입니다. 타인에게서 관심을 받고 싶어하는 것은 타인을 이기고 싶어하는 마음에서 비롯됩니다.

하지만, 우리는 타인과의 관계보다 소중한 관계가 있습니다.

그것은 바로 자신과의 관계입니다.

자신을 성찰하고 욕망의 자신과 싸우는 일, 그것이 바로 자신과의 관계입니다.

자신과의 관계가 발전적이면 우리의 마음에는 평화가 옵니다.

그렇게 온 평온은 타인의 관심과 관계가 없습니다.

그렇기 때문에 타인이 자신에 대해서 관심을 가질 수는 있지만, 자신은 타인의 관심에 관심을 두어서는 안됩니다.

타인의 마음을 빼앗기 위해 자신의 마음을 그들에게 헌납할 필요는 없습니다.

당신은 그것이 뭔가 이상하다고 느꼈기에 이 정지버튼을 눌렀습니다.

그리고 그 정지버튼은 이제 당신이 타인의 관심을 받지 못해 우울한 마음을 정지시켰을 뿐만 아니라, 관심을 받고자 하는 마음을 정지시킵니다.

그리고 이 정지버튼은 당신 자신과의 관계를 시작하게 만드는 시작버튼이 됩니다.

당신은 당신의 욕망을 바라보고, 그것으로 인해 당신이 행복한 적이 있었는지 묻게 될 것입니다. 그리고 그 답으로 당신은 곧 평온해 질 것입니다.

살고 싶지 않아 우울해요.
(왜 태어났는지/ 왜 사는지/ 결국 죽을 텐데(허무함/불안))

당신은 삶에 대한 의문 때문에 우울함에 빠져 있군요.

당신을 위로합니다.

하지만, 지금 당신은 정지버튼을 통해서 그 우울감을 정지시키는 훌륭한 일을 해내셨습니다. 정말로 대단한 일을 하신 겁니다.

왜냐하면, 당신이 지금 당신의 감정을 정지시키지 않았다면, 당신의 감정은 당신은 물론이고 당신의 주변까지 송두리째 우울감이 집어삼켰을지도 모르니까요.

이제 더 행복한 삶을 위해 이 이야기에 귀 기울여 보세요

당신은 삶에 대한 큰 의문이 생겼군요.

참 귀한 생각이 일어난 것입니다.

대부분의 사람들은 삶에 대한 근본적인 의문 없이 그냥 살아가고 그냥 죽어갑니다. 하지만, 당신은 삶에 대한 근본적인 의문을 갖게 되었습니다.

결국 죽을 삶을 살아가면서 왜 이렇게 아둥바둥 사는 것인지?

왜 태어났고 왜 살아가는지?

이런 의문을 이야기할 때마다 어른들은 철이 없다는 말로 넘어갔을지도 모릅니다.

하지만, 그들도 모르기 때문에 그렇게 이야기 하는 것입니다.

우리는 어디서 왔는지 어디로 가는지 잘 알지 못합니다.

하지만, 한가지 확실한 것은 우리는 모두 죽는다는 것과 한가지 확실히 모르는 것은 죽어서 어떻게 되는지 모른다는 것입니다.

확실히 아는 한가지, 즉 모두 죽는다는 것 때문에 우리가 확실히 모르는 한가지를 간과해서는 안됩니다. 죽는 것은 확실하지만 죽어서 삶이 끝날지 아닐지는 확실하지 않습니다. 그리고 끝나지 않는다면 어떻게 될지 알 수 없지만 만약 끝나지 않는다면, 더 좋은 세상이거나 혹은 비슷한 세상이거나 혹은 이 세상보다 못한 세상을 만나게 되는 것은 어쩌면 이 세상에서 내가 살아온 것을 보고 결정되는 것이 맞지 않을까요? 그것은 우리가 살아오면서 늘 그래왔던 것처럼 말입니다.

열심히 공부해서 좋은 성적을 받았던 것처럼, 전날 술을 먹으면 다음날 힘들었던 것처럼 말입니다.

그러면 확실한 한가지와 확실하지 않은 한가지를 고려할 때 이 세상을 살아가는 우리의 자세는 어때야 할까요?

그것은 매우 간결합니다. 최선을 다해야 합니다.

무엇에 최선을 다해야 할까요?

그것은 자신의 존재를 깨닫는데 최선을 다해야 합니다. 자신 스스로를 고귀한 존재로 만들기 위해 최선을 다해야 합니다. 그러면, 어디서 왔는지 어디로 가는지는 별로 중요하지 않을 수 있습니다.

왜냐하면, 지금 이순간 자신이 시간의 흐름 속에 있는 것이 아니라 의식의 흐름 속에 존재하고 그 의식의 흐름 속에서 스스로 존귀한 존재임을 자각하게 됨으로써 이제 더 이상 흘러가지 않는 존재가 될 수도 있지 않을까요?

그러므로 이 네 가지 질문에 대한 깊은 사유를 게을리 하지 말기를 바랍니다.

당신은 매우 존귀한 존재입니다.

왜냐하면, 이러한 이유로 정지버튼을 눌렀기 때문입니다.

이제 이 정지버튼은 당신의 사유를 성장시키는 성장의 버튼이 됩니다.

당신은 이 버튼을 계속해서 누르는 동안 성장하고 발전할 것입니다.

이것은 당신의 삶이 평온함과 존귀함을 넘나들고 있다는 뜻이기도 합니다.

축하합니다.

memo

감사버튼

☺

행복을 찾아내는 감사버튼

감사할 일에 감사하기 1

오늘 하루 당신은 감사한 일이 얼마나 있었나요?
혹은 감사하다는 말을 몇 번이나 했나요?

우리는 일상에서 늘 감사한 일을 겪게 됩니다.
아침에 자신을 깨우는 부모님께 감사하다는 말을 해보셨나요? 아니면 짜증으로 하루를 시작했나요?
당신이 호텔에 있으면서 모닝콜을 신청하고, 아침에 전화를 걸어서 당신을 깨워주는 얼굴 한번도 안본 호텔직원에게는 감사하다는 말로 전화를 끊을 겁니다.
하지만 심지어 아침까지 차려놓고 당신을 깨우는 부모님께는 짜증 섞인 말을 하지는 않았나요?
당연히 감사할 일에 감사하는 것 그것이 감사의 시작입니다.
당신에게 당연히 감사한 일들은 세상에 널려 있을지도 모릅니다.
문이 닫히려는 엘리베이터를 타기 위해 뛰어오는 당신을 위해 열림버튼을 누르고 있던 모르는 사람, 당신이 들어오기까지 문을 잡고 있는 앞선 사람, 식당에서 당신에게 주문을 받고 물을 챙겨서 가져다 주는 식당점원, 당신이 운전을 하고 가는데 당신에게 끼어들기를 허락해준 모르는 사람, 당신은 숱하게 많은 감사할 일들 속에 살아가는 지도 모릅니다.
그리고 감사하다고 말하고 살았을 것입니다.

하지만 그 중에 정말 진정성을 담아 감사하다고 마음을 모아 이야기 해본 적이 있나요?

식당에서 당신을 위해 서빙을 해주는 종업원에게 당신이 진심을 담아, "나를 위해 이렇게 애써주시니, 진심으로 감사드립니다"라고 말했다면, 그 종업원의 기분은 어땠을까요?

그 종업원은 당신에게 뭔가 필요한 것은 없는지 찾고 혹시 서비스로 줄 수 있는 음식이라도 있다면, 누구에게 갖다 주게 될까요?

당신이 감사할 일에 감사하는 것은 너무 당연한 일이지만, 당신이 그것에 진심을 담아 표현했다면, 당신에게는 더 많은 감사할 일이 생길 것입니다.

오늘 그것들을 한번 찾아보세요.

감사할 일에 감사하기 2

오늘 하루 당신은 감사한 일이 얼마나 있었나요?
혹은 감사하다는 말을 몇 번이나 했나요?

당신이 감사한 일을 찾아내는 동안 당신에게 모여드는 것들은 어떤 것들일까요?
당신이 감사한 일을 찾아내는 동안 당신의 눈은 어떤 눈이 되어 있을까요?
당신이 감사할 일에 감사하는 동안 당신의 눈은 오직 감사할 일들을 찾아내는데 집중해야 합니다. 그리고 그렇게 집중하는 동안 당신의 눈에는 감사할 일들이 부쩍 많이 들어오는 것을 발견하게 될 것입니다.
만약 비판적인 사람이 있어, 모든 일에 비판할 꺼리들을 찾아내고 트집잡고 있다면, 그에게는 어떤 것들이 모여들까요?
네, 맞습니다.
그에게는 아마도 비판할 일들로 가득 채워질 것입니다.
아주 이상하게도 똑 같은 상황에서도 비판적인 사람에게는 비판적인 일들이 보이고 감사하는 사람에게는 감사할 일들이 보이게 됩니다.
그리고 그것은 더 신기하게도
비판적인 그는 세상이 비판할 일만 가득한 세상으로 비칠 것이고, 감사하는 이에게 세상은 감사할 일들만 가득하게 보일 것입니다.

또한 더욱 신기하게도

비판적인 그는 더 똑똑할 수도 있을 텐데, 비판 투성이의 세상에서 살게 되고 어리숙해 보일 수 있는 감사한 그는, 감사가 넘치는 세상에서 살아가게 되겠지요.

두 사람은 같은 세상을 살아가지만, 같은 세상에 있지는 않습니다.

두 사람 중에 누가 더 행복할까요?

여러분은 어떤 세상에 살고 싶은가요?

당신이 정하는 세상에 당신이 살아가고 있습니다.

감사할 일에 감사하기 3

오늘 하루 당신은 감사한 일이 얼마나 있었나요?
혹은 감사하다는 말을 몇 번이나 했나요?

당신이 감사할 일들은 얼마나 확장되었나요?
당신이 감사할 일들을 찾는 동안 어떤 변화가 있었나요?
많은 사람들은 감사할 일을 찾다 보니, 감사할 일들이 늘어난다고 말합니다.
그리고 미처 하지 못했던 감사들을 하다 보니, 행복이 찾아왔다고 이야기 하기도 합니다.
왜 감사할 일들을 찾다 보면 감사할 일들이 늘어날까요?
신기하게도 감사할 일들을 찾는 것은 모래사장에서 모래의 숫자를 헤아리는 것과 같습니다.
세어도 세어도 끝이 없습니다. 왜 그럴까요?
그것은 감사할 일이 있어서 감사하는 것이 아니라, 감사하는 마음이 있으면 감사가 일어나기 때문입니다.
참 이상한 말이지요.
우리는 감사할 일과 감사하지 못할 일이 구분된다는 생각을 쉽게 할 수 있습니다.
하지만 당신처럼 감사가 습관이 되면 수많은 것들이 당연히 감사해야 할 일들에 속하게 됩니다.

당신이 당신의 배우자에게 별것도 아닌 일에 감사하는 습관을 가졌다면, 배우자는 어떤 생각과 행동을 하게 될까요? 아마도 그 역시 감사하는 습관이 생기게 될 것입니다. 둘의 사이는 어떻게 될까요? 당연히 행복하게 되겠죠.

그 자녀들은 무엇을 배우게 될까요? 역시 감사를 배우게 되겠네요.

그 자녀들의 인성은 어떨까요? 당연히 고운 인성을 갖게 될 것입니다.

그 자녀들은 공부를 열심히 하고, 좋은 학교에 진학하고, 좋은 배우자를 만나서 좋은 가정을 꾸릴 가능성이 높아질 것입니다.

이것이 그 동안 당신이 꿈꾸던 일이 아닌가요?

모든 사람들이 꿈꾸던 일을 누군가는 행동으로 옮기며, 자신이 꾸던 꿈을 이루어가거나, 다른 누군가는 막연히 누군가 자신의 꿈을 이루어 주기를 바라겠지요.

당신은 어느 편에 서시겠습니까?

삶을 변화시키는 감사버튼

평범한 일에 감사하기 1

오늘 하루 당신은 당신의 평범한 삶 속에서 얼마나 많은 감사를 찾아냈나요?

그리고 그것들에 대해 감사하다는 말을 몇 번이나 했나요?

일상은 늘 있는 것 같습니다.

어느 날 친구녀석이 씁쓸한 표정을 하면서 이렇게 말했습니다.

"어제 아내에게 차 사고가 났어. 그런데 차가 좋아서 그런지 차는 완전히 폐차직전이 되었는데, 타박상 하나 없이 멀쩡하게 걸어 나온 거 있지? 이건 완전히 기적이야"

그 친구는 아마도 좋은 차 자랑을 하고 있었는지도 모릅니다.

하지만 저는 이렇게 물었습니다.

"그래, 기적 같은 일이 일어났구나? 그런데 그게 기적이라면, 사고가 나지 않은 것은 과연 무엇일까?"

그 친구는 눈을 휘둥그래 뜨고 말했습니다.

"어? 그게 더 기적이네!" 그렇습니다.

당신에게 주어진 평범한 삶, 그것이 기적입니다.

당신은 당신에게 주어진 오늘이 어제 세상을 떠난 사람에게는 그토록 살고 싶었던 기적과 같은 날이라는 것을 이미 알고 있습니다.

당신은 매일 이 기적을 마주하지만 그것을 반기지 않습니다.

만약 당신이 친구를 찾아가는데 그 친구가 당신을 반기지 않는다면, 당신은 그 친구를 얼마나 더 찾아가게 될까요?

아마 당신은 금새 지쳐서 그 친구를 더 이상 찾아가지 않을지도 모릅니다. 당신의 내일도 당신에게 그렇게 할지도 모릅니다.

당신이 눈을 떠서 만나는 그 평범한 오늘 그것은 그야말로 기적일지 모릅니다.

당신이 눈을 감고 잠이 들었을 때, 그것은 흡사 죽음과도 같습니다.

죽음은 긴 잠입니다.

당신이 그 잠에서 깨어나지 않는다면, 당신은 다시 내일을 맞지 못하게 됩니다. 하지만 당신은 오늘 기적을 만났고 그것을 즐기고 있습니다.

당신에게 남은 날은 오직 지금 오늘 이순간 밖에 없습니다.

그러므로 아낌없이 사랑하고, 베풀어야 합니다.

미련 없이 주어야 합니다.

내일 기적이 또 일어나지 않는다면, 당신은 오늘 더 사랑하지 않음을 후회할 테니까요.

당신이 이 감사버튼을 누르는 순간 당신은 평범한 삶 속에서 훌륭한 기적들을 발견하는 시간이 될 것입니다.

감사버튼을 많이 누르는 동안 당신의 삶은 감사와 행복으로 가득 채워질 것입니다.

그것은 바로 당신에 의해서 채워지는 것입니다.

오늘 그것을 채울 당신의 능력을 발휘해 보면 어떨까요?

평범한 일에 감사하기 2

오늘 하루 당신은 당신의 평범한 삶 속에서 얼마나 많은 감사를 찾아냈나요?

그리고 그것들에 대해 감사하다는 말을 몇 번이나 했나요?

당신은 당신에게 주어진 행복이 무엇이라고 생각하시나요?

이런 글이 있습니다.

"돈은 그것을 번 사람만이 그것을 쓸 자격이 있다. 행복도 마찬가지이다. 행복도 그것을 만든 사람만이 그것을 누릴 자격이 있다."

당신이 지금 누리고 있는 행복은 과연 당신이 만든 것인가요?

당신을 사랑해 주는 배우자에게 당신이 먼저 사랑해주고 당신이 더 없이 아껴주었기 때문에 그가 당신을 사랑한다면 그것은 당신이 행복을 만든 것입니다.

하지만 당신이 그렇게까지 하지 않았는데도 배우자가 당신을 사랑한다면 그것은 당신이 만든 것이 아닐지도 모릅니다.

당신의 자녀가 당신에게 가져다 주는 행복도 마찬가지 입니다.

만약 당신이 그것을 만들기 위해 노력했다면 그것은 당신이 누릴 자격이 있지만 그렇지 않다면 당신은 그것을 누릴 자격이 없습니다.

당신을 힐링시키는 어떤 것도 당신이 그것을 만들기 위해 노력해서 만들어진 것이라면 그것은 당신이 누릴 자격이 있습니다.

당신이 만들지 않고 누리던 그 행복에게는 새로운 이름이 필요해 보입니다.

그것의 이름은 바로 행운입니다.

당신이 행복처럼 누리고 있었던 모든 것들은 바로 행운이었습니다.

당신은 그 행운을 마치 당신이 만든 것처럼 누리고 있었는지도 모릅니다. 하지만 행운은 곧 사라져버립니다.

행운은 사실 언제나 그래왔습니다.

왔다가 그냥 가버립니다. 참 안타깝습니다.

하지만 그것을 오랫동안 붙잡아 두는 방법이 있습니다.

그것은 당신이 행복을 만들어내는 것입니다.

그러면 행복이 행운처럼 당신과 늘 함께 합니다.

어떻게 만들까요?

그것은 사실 너무 간단합니다.

행복을 만드는 사람들은 자신이 행복을 만들었다는 생각을 하지 못하고 만듭니다. 배우자를 자신이 너무 사랑하지만 그가 자신을 더 사랑해 준다고 생각하고 감사하면 그는 행복을 만들게 됩니다. 그리고 그것은 행운이 됩니다.

자녀를 너무 사랑하지만 자신이 자녀를 사랑해서가 아니라, 자녀가 너무 훌륭해서 자신에게 행운이라는 것을 아는 순간 행운이 행복이 됩니다. 자신들의 주변의 행운들이 자신의 안에 행복으로 머물게 하는 유일한 방법 그것은 바로 감사하는 것입니다.

평범한 것들에 대한 감사, 이것이야말로 당신에게 커다란 행복이며 행운입니다. 당신을 행운아로 만드는 것, 그것은 당신의 감사입니다.

평범한 일에 감사하기 3

오늘 하루 당신은 당신의 평범한 삶 속에서 얼마나 많은 감사를 찾아냈나요?
그리고 그것들에 대해 감사하다는 말을 몇 번이나 했나요?

평범한 일상들은 늘 평범하지만은 않을 수도 있습니다.
어떤 때는 좀 짜증나고 지루하고 실증이 날 때도 있습니다.
하지만 당신의 감사는 당신의 그런 날들조차 아름답게 만듭니다.
당신은 당신을 만들어가는 사람입니다.
당신은 어느 날 지루한 이야기를 하는 사람을 만나게 되었습니다.
그는 자신의 말만 늘어놓고 당신에게 말할 기회도 주지 않습니다.
당신은 처음에는 잘 들어주려고 했지만, 그의 말에 지쳐가기 시작했습니다.
그리고 당신은 만남이 끝나고 나서 그를 비난하고 자신의 아까운 시간을 빼앗은 그에게 한탄하기 시작합니다. 그리고 집에 돌아와서도 당신의 배우자와 함께 그와 했던 지루한 시간과 이기적인 그에 대한 이야기로 한번 더 헛된 시간을 보내게 됩니다.
그런데 당신에게 이런 생각이 들었습니다.
'음, 내 친구도 그 사람과 이야기 자주 하는데 전화를 해서 그는 어땠는지 물어볼까?'

그래서 당신은 당신의 친구에게 전화를 걸고 그에 대해서 물었습니다.

하지만 그는 당신에게 이야기합니다.

"음, 그분? 참 좋은 이야기를 많이 해주시지, 니 말처럼 좀 지루할 때도 있지만, 그래도 나는 내 시간을 소중하게 쓰고 싶어서 그분의 말을 경청하다 보면 참 좋은 이야기가 많아"

당신은 어떤 생각이 들었을까요?

똑 같은 이야기를 듣고 누군가는 소중하게 들을 수도 있고, 누군가는 지겹게 들을 수도 있다는 사실을 발견하셨나요?

그러면 소중한 이야기를 듣는 동안 그렇게 들은 사람은 기분이 어떨까요? 당연히 좋겠죠? 그러면 그런 상태의 그는 어떤 존재가 될까요?

그렇죠. 그는 소중한 존재가 되겠네요.

하지만 반대의 경우는 지루한 이야기를 듣는 지루한 존재가 되고 맙니다.

평범한 자신의 일상을 누구는 지루한 쓰레기처럼, 만들고 누구는 소중한 보물처럼 만들게 되네요.

그리고 그것을 그렇게 만들어 내는 동안 자신이 그 결과물과 같은 존재가 된다는 사실, 그것을 아는 사람들은 꼭 이 방법을 사용해야 합니다.

그것은 바로 감사입니다.

당신의 감사가 당신의 존재를 정합니다.

당신은 당신이 생각하는 그 이상의 존재입니다.

세상을 바꾸는 감사버튼

감사하지 못할 일에 감사하기 1

오늘 하루 당신에게 평소와 다른 견디기 힘든 일이 있었나요?
하지만 그럼에도 불구하고 감사할 일을 찾아 보았나요?

평범한 하루 하루를 기적인 것처럼 살아가는 당신이지만, 당신에게도 늘 행복한 시간만 있는 것은 아닙니다.

가끔 견디기 힘든 시련을 만날 때도 있고, 괴로운 일들을 겪을 때가 있습니다.

당신에게 이런 질문을 드려보겠습니다.

당신 스스로 생각하기에

'그래도 내가 참 잘 성장했나'

라는 생각이 들었던 기억이 있다면 언제가 있을까요?

한번 떠올려 보세요. 학창시절도 좋고, 성인이 되었을 때도 좋고, 어떤 때나 어떤 공간이어도 괜찮습니다.

그때가 있었다면, 언제였을까요?

수많은 사람들에게 이와 같은 질문을 한 후 얻게 된 공통의 답이 있습니다.

그것은 사안은 모두 달랐지만, 모든 사람이 성장했을 때의 질문을 통해 떠올렸던 그들의 경험은 모두 이 다섯 가지의 범주 안에 든다는 것입니다.

그것은 고난과 고통과 좌절과 시련과 외로움입니다. 참 이상한 일입니다. 왜냐하면 성장은 누구나 좋아하는 것인데, 왜 성장을 위해서 겪어야 되는 일들은 모든 사람들이 싫어하는 것들일까요?

하지만 그것을 겪을 때만 성장할 수 있다면, 우리는 이런 생각을 해볼 수도 있지 않을까요?

만약 당신에게 병이 들었고 그 병을 낫게 하기 위해 의사가 매우 쓴 약을 처방했다면, 당신은 그 의사에게 어떤 생각을 갖게 될까요?

그 의사를 미워하거나 원망하는 사람이 있을까요?

네, 맞습니다. 모든 사람들은 그 의사에게 감사할 것입니다.

고난과 고통과 좌절, 시련, 외로움은 약과 같습니다. 그리고 그 약은 스스로 오지 않고, 늘 사람과 함께 옵니다. 그 사람이 바로 의사입니다.

진짜 약을 가져온 의사는 당신에게 존경 받고 싶어하고 돈도 받아갑니다. 하지만 그는 당신에게 존경 받으려는 생각도 없는, 그리고 특수한 상황을 제외하고는 돈도 요구하지 않는 겸손한 의사입니다.

당신은 그들을 만날 때 어떻게 만나야 할까요? 네, 맞습니다.

감사하게 맞이 하는 것이 맞습니다.

그것이 바로 세상을 바꾸는 능력입니다.

당신은 이 능력을 통해서 세상을 바꾸게 됩니다.

당신을 괴롭게 했던 사람들을 용서하게 되고 그들에게 오히려 감사하게 되고 그것은 그들을 변화시키기 전에 당신을 변화시키게 될 것이며, 그것은 당신이 당신 세상의 주인으로 우뚝 서도록 도울 것입니다.

감사하세요. 세상이 바뀝니다.

감사하지 못할 일에 감사하기 2

오늘 하루 당신에게 평소와 다른 견디기 힘든 일이 있었나요?
하지만 그럼에도 불구하고 감사할 일을 찾아보았나요?

저의 작은 이야기 하나를 소개하려고 합니다.

20년 전 대학을 졸업하고 공군장교로 군대에 들어가기 전 저는 부모님께 마지막으로 용돈이라도 드리고 싶은 마음에 공사장 일용직 일을 3개월 동안 하게 되었습니다. 소방도로 공사현장에서 무거운 자재들을 나르는 일이었습니다. 몸은 고됐지만 매일 꼬박꼬박 5만원의 일당과 5천원의 목욕비가 수중에 들어오는 재미와 나중에 대견해 하실 부모님의 얼굴을 떠올리면 기쁜 마음으로 버틸 수 있었습니다. 그러던 중 일주일 내내 비가 내렸습니다. 공사장 인부에게 비 오는 날은 곧 공치는 날입니다. 일을 나가지 못하니 몸이 근질거렸고 비가 와도 할 수 있는 일을 찾아 인력시장 사무실을 찾았다가 한 사장님을 만났습니다. 그는 나에게 5층 건물 공사현장에서 외벽에 붙일 대리석을 옥상까지 나르는 일을 시켰습니다. 대리석은 크기도 무게도 어마어마해서 한 장을 나르는 것도 힘에 벅찼습니다. 그런데 공사현장에서 잔뼈가 굵은 인부들이 두 장씩 나르며 어찌나 눈치를 주는지 울며 겨자 먹기로 두 장씩 등에 지느라 죽을 고생을 했습니다. 태어나서 그렇게 힘든 일은 처음이었는데도 이틀 치 보수를 합해 봐야 8만 4천원이 전부였습니다. 다시 소방도로 공사현장으로 복귀를 하려고 돈을 받으러 갔더니, 계좌번호를 주면 입금을 해주겠다고 했습니다. 다음 날 돈이 들어오지 않은 것을 확인한 저는 공중전화로 전화를 했습니다. 사장님은 친절한 목소리로 "우리 직원이 깜빡한 모양이네요. 계좌번호를 다시 한 번만 불러주세요."라고 했고 나는 또박 또박 계좌번호를 불러주었습니다. 그렇게 두 달이 흐르고 저는 군에 입대를 했습니다. 자대 배치를 받고 나서 몇 달 뒤 저는 오랜만에 공중전화로 다시 그 사장님에게 전화를 걸었습니다. 여전히 사장님은 친절한 목소리로 "아이고, 이걸 미안해서 어쩌나. 우리 직원이 아직까지 깜빡한 모양이네요. 계좌번호를 다시 한 번만 불러주세요."라고 했고, 나는 또박또박 계좌번호를 불러주었습니다. 장교 숙소를 나와 구름다리를 건너면 공중전화기가 한 대 있었는데, 저는 매일같이 그 다리를 건너가서 전화를 걸곤 했습니다. 그때마다 저는 여분의 동전을 더 챙기고서는 구름다리를 건너는 동안 오늘은 그 사장에게 욕을 퍼부어줄지 말지 갈등을 했습니다. 그러나 막상 전화기를 들고 나서는 늘 변함없이 계좌번호를 불러주고 끊었습니다. 그때 깨달은 것이 우리에게는 '당장 내가 하고 싶은 것'과 '결국 내가 원하는 것'이 존재한다는 것이었습니다. 당장 하고 싶은 것에 눈이 멀어 행동에 옮기고 나면, 결국 원하는 것을 얻지 못하게 됩니다. 그렇게 1년쯤 시간이 흐르고 그간의 사정을 다 알고 있던 친구에게서 연락이 왔습니다. 그 사장이 어느 대학교 앞에서 호프집을 하고 있다는 것이었습니다. 그래서 나는 공군장교 정복을 차려 입고 그곳을 찾아갔습니다. 사장은 나와 눈이 마주쳤지만 알아보지 못하고 "손님, 아직 영업 시작 전입니다."라고 말했습니다. 그래서 저는 그에게 "제가 사장님께 8만 4천원을 받으려고 1년 반 동안 전화로 계좌번호를 불러드린 사람입니다."라고 자기소개를 했습니다. 그는 순간 얼굴색이 하얘지더니 말없이 계산대로 가서 8만

4천원을 꺼내 내게 내밀었습니다. 그 돈을 받아 들고 나는 그에게 힘차게 거수경례를 하며 말했습니다. "감사합니다! 아마도 제 인생에서 가장 소중한 돈이 될 것 같아서 꼭 받고 싶었습니다."

가끔 저는 제 인생에서 스승이 있느냐고 물으면, 저는 망설임 없이 이분을 떠올리고 말합니다. 그분은 다른 선생님들과 달리, 존경 받으려는 마음도 없이 저에게 이 고통을 통해서 알려주었습니다. "세상에는 원하는 것과 하고 싶은 것이 있단다. 그런데 네가 하고 싶은 일을 해버리면, 원하는 것은 멀어져 가지"라고 그는 가르쳐주었습니다. 여러분의 삶 속에서도 스승들이 있습니다. 여러분이 감사하지 못할 일이라고 생각하는 그들에게 감사할 수 있을 때, 여러분의 삶은 새로운 세계로 접어듭니다.

깊이 감사하세요.

감사하지 못할 일에 감사하기 3

오늘 하루 당신에게 평소와 다른 견디기 힘든 일이 있었나요?
하지만 그럼에도 불구하고 감사할 일을 찾아보았나요?

당신의 주변 사람들을 한번 떠올려 보세요. 그리고 별명을 한번 붙여 보세요.

예를 들어, 화를 잘 내면 욱이, 짜증을 잘 부리면 짜증이, 잘난 체 잘 하면 잘난이, 허풍을 잘 떨면 허풍이, 감동을 잘 하면 감동이, 지혜로우면 지혜, 사랑을 잘 주면 사랑이, 등등 어떤 이름이라도 좋습니다.

당신의 주변 사람의 이름을 이렇게 별명으로 만들어서 메모장에 써보세요.

이제 그 메모를 보고 숫자를 한번 헤아려 보세요.

그리고 그 사람들 중 부정적인 별명을 가진 사람들의 숫자와 긍정적인 별명을 가진 사람들의 숫자를 헤아려 보세요.

그 숫자가 무엇을 의미하는지 아시겠어요?

그것은 바로 당신의 세상을 이야기 합니다.

당신이 바라보는 당신의 세상에 사는 사람들이 그와 같습니다.

그러면 긍정적인 사람의 숫자가 많은 사람들의 삶이 행복할 까요?

아니면 부정적인 사람의 숫자가 많은 사람들의 삶이 행복할까요?

네, 당연히 긍정적인 사람들의 숫자가 많은 사람들의 삶이 행복합니다.

그렇다면 그들은 누구에게서나 그렇게 긍정적이거나 부정적일까요?

안타깝게도 그렇지 않습니다.

당신에게 부정적인 사람이 어떤 사람에게는 긍정적으로 인식될 수도 있고, 당신에게 긍정적인 사람이 어떤 사람에게는 부정적으로 인식될 수도 있습니다. 그것은 무엇을 의미할까요?

그것은 당신의 인식에 따라 그는 부정적일 수도 있고, 긍정적일 수도 있다는 것을 의미합니다.

그리고 또 그것은 무엇을 의미할까요?

그것은 당신이 그를 부정적으로 인식하는 동안 당신은 부정적인 존재가 되며, 그를 긍정적으로 인식하는 동안 당신은 긍정적인 존재가 된다는 뜻입니다.

그러면 이 이야기는 결국 무슨 말을 하고 있을까요? 네, 맞습니다.

그것은 당신의 세상을 당신이 만들고 있다는 것을 말하고 있습니다.

자신이 자신의 세상을 만들고 있다는 사실을 모르는 사람은 어려움 속에서 살아가게 됩니다. 하지만 자신이 자신의 세상을 만들고 있다는 사실을 아는 사람은 자신이 행복을 만들 수 있기 때문에 행복한 세상에서 살아가게 됩니다.

이제 당신은 당신의 세상을 행복으로 바꿀 준비가 된 사람입니다.

당신은 이제 더 이상 이 정지버튼을 누를 필요가 없습니다.

이 정지버튼은 감사버튼으로 바꿀 수 있습니다.

당신은 이 감사버튼을 누르는 동안, 그리고 횟수가 많아지는 동안 당신의 세상을 아름답고 행복하게 꾸밀 수 있게 됩니다.

당신의 삶을 응원합니다.

성찰버튼

지혜로운 이기주의자

지혜로운 이기주의자는?

당신을 환영합니다.

당신은 지혜로운 이기주의자가 되기 위해 성찰버튼을 눌렀습니다.

이제부터 당신과 함께 진짜 이기주의자가 되기 위해 함께 나아가 보겠습니다.

이기주의는 좋지 않은 말로 흔히 인식됩니다.

하지만 그 뜻은 매우 좋은 뜻입니다.

"자신에게 이롭게 한다"는 뜻입니다.

모든 일을 자신에게 이롭게 하는 것, 얼마나 좋은 뜻입니까?

당신은 주변사람들과 불편한 이야기를 나눌 때가 있습니다. 당신의 의도와는 달리 당신과 대화하는 사람이 당신에게 불편한 말로 당신에게 상처를 입힐 경우도 있습니다.

이때 당신은 화가 나기 쉽습니다. 하지만 이것이 과연 당신에게 이로운 일일까요?

그런 것으로는 당신에게 마음의 평온이 찾아오지 않습니다.

그래서 당신은 당신의 생각을 바꿀 필요가 있습니다.

그것은 인식의 전환입니다.

이 인식의 전환은 당신을 진정한 이기주의자로 만듭니다.

그것이 바로 지혜로운 이기주의자 입니다.

당신이 진정한 이기주의자가 되게 하기 위해 이 코너는 10개의 항목으로 나뉘어 당신이 처한 난처한 상황을 당신이 극복해가며, 지혜로운 이기주의를 실천하도록 도울 것입니다.

　이에 정지버튼은 단순히 감정을 정지시키는 수준이 아니라, 지혜로운 이기주의자로서 인식을 전환시키는 버튼으로 작동하게 될 것입니다.

　당신의 삶이 진정한 행복으로 향할 수 있도록 정진은 계속됩니다.

②

지혜로운 이기주의자 1
-무시당했을 때

누군가 당신을 무시해서 당신은 무척 화가 날 수 있었지만, 당신은 정지버튼을 누르고 지혜로운 이기주의자가 되기 위해 이 코너를 열었습니다.

당신을 응원합니다.

누군가 당신을 무시한다면, 당신이 화가 나는 것은 당연한 일입니다.

하지만 만약 누군가 당신을 무시했다고 해서 당신에게 화나는 것이 당연하다면, 당신의 행복은 늘 다른 사람에 의해 좌지우지 되는 참 어려운 삶을 살아가게 될 것이 뻔합니다. 이것은 매우 이상한 일입니다.

왜 나의 행복을 타인이 좌지우지 할 수 있게 내버려 두어야 할까요?

당신을 무시했다는 것은 또한 당신의 생각 뿐일 수도 있습니다.

우리는 흔히 누군가 자신을 무시했다고 느낄 뿐이지 그것을 확인할 방법은 직접 그것을 묻는 방법 외에는 없습니다.

그렇다면 상황은 더 이상해집니다.

만약 그에게 물었더니, 당신을 무시한 적이 없다고 한다면 당신에게는 무슨 일이 일어난 것일까요? 그는 당신을 무시하지도 않았는데 당신에게는 당신의 삶을 스스로 망쳐버리는 결과가 생겼네요. 과연 무엇 때문에 그런 일이 생겼을까요?

그것은 당신의 오해 때문에 일어난 일입니다.

당신에게는 그가 당신을 무시했다는 확신이 있었을 것입니다.

하지만 당신의 그 확신은 당신에게 상처를 입히고, 그에게 화를 내어 그에게도 상처를 입혔지만, 결국 당신의 오해였네요.

당신은 당신의 생각을 믿은 것 때문에 화를 입고 화를 입혔네요.

그렇다면 당신의 생각은 믿을 만한 것인가요?

안타깝게도 그렇지 않을 수도 있습니다.

그래서 당신은 스스로 당신에게 일어난 일을 점검해보아야 합니다.

당신은 당신에게 일어난 감정들을 깊이 생각하고, 그것이 진실이 아닌 것을 보아야 합니다. 그래야 당신은 당신의 세상을 당신에게 이롭게 만들 수 있기 때문입니다.

만약 그에게 당신이 물었을 때, 그가 당신을 진짜로 무시했다고 한다면 그때는 당신은 화를 내도 될까요?

그는 왜 당신을 무시했을까요?

어떤 이유가 있었겠죠? 하지만 그렇게 당신을 무시한 것으로 그가 얻게 될 것은 무엇이었을까요? 우월감이었을까요?

그 우월감으로 그는 진정으로 행복해졌을까요?

잠깐은 그랬을 수도 있을 것입니다. 하지만 당신을 무시하면, 당신은 그에 대해 좋은 감정을 갖지 못할 테니 결국에 그는 세상에 적을 한 명 만들게 되었겠네요. 그것이 그에게 유익했을까요?

그렇다면 그는 지혜로운 이기주의자의 생각을 했을까요?

그러면 그의 생각은 옳은 생각이었을까요?

그의 생각이 옳지 않았다면, 그는 그 행위를 진정으로 알고 한 것일까요?

네, 맞습니다. 그는 그가 하는 일이 어떤 일인지도 모르고 그것을 했던 것입니다. 그렇기 때문에 당신은 그냥 그를 용서해야 합니다.

당신이 무시당해서 화가 났다면 어떤 면에서 당신은 지혜로운 이기주의적 생각을 하지 못했기 때문일 수 있습니다.

마음을 평안하게 하고, 당신이 무시당함으로 인해 배운 것들을 하나씩 정리해 보세요.

그러는 동안 당신에게 그는 더 이상 당신을 무시한 사람이 아니라 당신에게 용서의 대상이 되고, 그로 인해 당신에게 무시함에 대하여 깨우침을 준 훌륭한 스승님이 되어 있을 것입니다.

그래서 당신은 또 한 명의 훌륭한 사람을 당신의 세상에 만들게 되었습니다.

그리고 당신은 지혜로운 이기주의자에 한걸음 다가갑니다.

지혜로운 이기주의자 2
-가족들 때문에 화가 날 때

당신은 가족들 때문에 지금 무척 화가 났지만, 당신은 정지버튼을 누르고 지혜로운 이기주의자가 되기 위해 이 코너를 열었습니다.

당신을 응원합니다.

당신이 정말 미워하는 사람을 한번 떠올려 보세요.

그 사람은 당신과 가까운 사람입니까? 아니면 먼 사람입니까?

안타깝게도 당신이 가장 미워하는 사람은 당신의 가장 가까운 사람일 수 있습니다.

가장 가까워야 할 사람이 왜 우리를 가장 괴롭게 할까요?

과연 그는 당신을 괴롭힌 게 맞을까요?

당신을 괴롭게 한 그는 지금 행복할까요?

이 질문들을 듣다 보면 당신은 이런 생각을 해 볼 수도 있을 것입니다.

'누군가 남을 괴롭힌다는 것은 괴롭히려는 의지가 있었을 것이고 괴롭힘을 통해서 얻을 유익함이 있어야 하는데 왜 그렇지 못할까?'

그 유익함이라는 것은 괴롭힌 그에게는 행복함이 있어야 하는데, 당신을 괴롭히고 행복한 당신 주변의 사람은 없습니다.

그렇다면 그는 당신을 괴롭히고 자신도 괴롭게 되겠네요. 그러니까, 괴롭힘을 통해서 자신도 행복하지 못한 상황이 되었겠네요. 그러니까 자신 스스로가 괴롭고자 당신을 괴롭힌 처지가 되었네요. 그러니까 결국 그는 자신이 무슨 짓을 하는지도 모른 채 당신을 괴롭게 했네요.

게다가 아마도 그는 당신처럼, 당신 때문에 괴롭다고 생각 할 수도 있겠네요.

그럼, 도대체 누가 누구를 괴롭힌 것일까요?

당신의 생각에는 분명히 그가 당신을 괴롭혔을 테지만 그의 생각에는 분명 당신이 그를 괴롭혔다고 확신할 수도 있습니다.

그러면 서로 괴롭혔다고 하니, 둘 다 한 것일 수도 있고, 둘 다가 아닐 수도 있군요.

그런데 서로 왜 서로를 괴롭혔다고 생각하게 되었을까요?

게다가 당신과 그는 서로 가까운 사이인데요.

네, 맞습니다. 서로 기대했기 때문입니다.

나를 먼저 사랑하라고, 니가 먼저 사랑하라고, 우리는 서로에게 기대하고 있습니다.

이 기대가 서로에서 상처를 내고 서로 자신을 괴롭혔다고 착각하게 믿습니다.

기대는 자신을 위해서 일어나는 것 같지만 자신을 해치게 됩니다.

그렇기 때문에 지혜로운 이기주의자는 기대하지 않습니다.

기대하는 대신 감사합니다.

그러는 동안 상처는 치유되고 흔적도 없이 사라집니다.

그리고 서로에게 양보하고 배려하고 경청하고 서로의 마음을 끌어안아주게 됩니다. 그리고 서로 행복하게 됩니다.

서로를 상처내는 이기적인 삶에서 벗어난 지혜로운 이기주의자, 바로 당신입니다.

④

지혜로운 이기주의자 3
-따돌림 당했을 때

당신은 누군가에 의해 따돌림을 당했기 때문에 지금 무척 화가 났지만 당신은 정지버튼을 누르고 지혜로운 이기주의자가 되기 위해 이 코너를 열었습니다. 당신을 응원합니다.

따돌림을 당한다는 것은 매우 기분이 나쁜 일입니다.
하지만 가만히 생각해보면 조금 이상한 일이기도 합니다.
왜냐하면, 따돌림을 당했다는 생각이 들었을 때 내 마음의 상태를 보면 조금 이상한 것을 발견할 수 있기 때문입니다.
그것은 따돌린 그, 혹은 그들의 마음속에서 내가 좋은 사람으로 인식되기를 바라는 마음이 있었다는 것을 곧 알 수 있기 때문입니다.
그것은 곧 사랑 받고 싶었다는 것입니다.
당신은 왜 그들에게 사랑을 구걸해야 할까요?
당신은 그들에게 사랑 받아야지만 행복해지는 사람이었을까요?
그들은 언제부터 당신의 세상에서 당신에게 사랑을 주는 우월한 지위를 얻게 되었을까요? 당신은 그렇게 유약한 존재일까요?
당신은 당신도 모르는 사이에 그에게 당신을 사랑할 수 있는 권리를 내주게 됩니다. 이 말은 조금 다른 표현으로 하자면, 당신은 당신 스스로를 마치 그의 사랑이 없으면 병들어 버리는 이상한 존재로 전락시키고

만 것입니다.

이것은 얼마나 비참한 일입니까?

왜 당신이 그런 사람들로 인해서 존재를 훼손당해야만 합니까?

그것은 매우 이기적이지 못한 행위입니다.

지혜로운 이기주의자는 그렇게 하지 않습니다.

지혜로운 이기주의자는 자신의 존재가 타인에 의해 훼손당하는 것을 손 놓고 보지 않습니다.

지혜로운 이기주의자는 자신의 존재를 아무에게나 내맡기고 자신의 가장 고귀한 권리를 포기하지 않습니다. 지혜로운 이기주의자는 자신의 존재를 지키고, 규정하고, 타인의 존재를 배려합니다.

그러므로 그는 타인의 마음속에 살지 않습니다.

그는 설령 세상을 살면서 이런 따돌림의 상황이 생긴다고 하더라도 그것에서 자신의 잘 못이 있다면, 솔직히 그것을 말하고 용서를 구하며 자신을 바꾸기 위해서 노력을 게을리 하지 않을 것입니다. 하지만 자신의 잘못이 아니라 그들의 군중심리에 의해서 그들이 뭔가 이상한 일을 벌이고 있다고 판단이 된다면 그 일이 자신에게 어떤 영향도 줄 수 없도록 잘 관리하고 그것을 극복해 나갈 것입니다.

지혜로운 이기주의자는 늘 현명하고 지혜롭습니다.

그것이 당신이며 당신은 당연히 당신 세상에서 그러해야 합니다.

그것이 진정한 행복이며 진정한 가치를 아는 지혜로운 이기주의자의 행동입니다.

당신은 이미 정지버튼을 누름으로 지혜로운 이기주의자에 한걸음 다가갔습니다. 당신을 응원합니다.

⑤
지혜로운 이기주의자 4
- 비교당했을 때

　당신은 지금 누군가와 비교당해서 기분이 많이 상했군요. 하지만 당신은 정지버튼을 누르고 지혜로운 이기주의자가 되기 위해 이 코너를 열었습니다. 당신을 응원합니다.

　사람들에게는 늘 누구와 비교하는 습관이 있습니다. 비교를 통해서 우월감도 느끼고 열등감도 느낍니다. 우월감을 느끼면 기분이 우쭐해지고 열등감을 느끼면 자괴감에 빠집니다.

　그리고 자신에게 일어나는 이 비교의 문제를 타인에게 적용하기도 합니다. 이것은 인간에게만 있는 능력 중에 하나 입니다.

　동물들은 서로를 비교하거나 비교해서 의기소침해지거나 하는 일이 없습니다. 인간만이 있는 이 능력으로 인간은 웃기도 하고 울기도 합니다.

　당신은 지금 누군가 당신을 다른 누군가와 비교한 것으로 인해 매우 기분이 나쁜 상태입니다. 하지만 이것은 가만히 생각해보면 좀 말이 안 되는 일입니다. 왜냐하면, 어떤 인간도 서로 비교하여 오로지 자신만이 남들보다 모든 면에서 나은 사람은 존재할 수 없기 때문입니다.

　모두 어떤 것을 잘하면 어떤 것을 못합니다. 그 기준은 천차만별이고 그 모든 기준을 다른 모든 인간들 보다 뛰어나게 잘하는 사람이 있다고 하더라도, 그도 인간이기 때문에 나이가 들어갑니다. 그래서 언젠가 뒤쳐지게 됩니다. 그래서 그것은 불가능한 일이 되고 맙니다.

그렇다면 당신이 지금 기분 나쁜 것은 이상한 일입니다. 왜냐하면, 당연한 이야기를 듣고 기분이 나쁜 것이기 때문입니다. 그가 생각하기에 당신이 다른 누구보다 못한 어떤 것이 있다면 그것은 당연한 것입니다. 그러니까 그냥 고개를 끄덕이면 되는 것입니다.

그가 그렇게 생각하는 것도 당연한 것이고, 당신이 다른 누구보다 못한 것도 당연한 것입니다. 그냥 당신은 "그렇군요"하면 됩니다.

하지만 당신에게 화가 일어났다면 이것에서 당신은 또 다른 이상한 것을 발견할 수 있습니다. 그것은 당신은 누구와 비교를 당해도 기분 나쁘다는 것입니다. 당신을 누군가 추앙하지만, "그런데 당신은 예수님처럼 되려면 이점이 부족한 것 같아요"라고 이야기 해도 기분 나쁠 것이고, "그런데 당신은 부처님에 비하면, 이점이 한참 부족한 것 같아요"라고 이야기 해도 기분이 나쁠 수 있습니다. 이것은 무슨 말일까요? 당신은 이미 당신 스스로 최고 수준의 존재로서의 자각이 뒤따르고 있다는 것입니다.

이것은 당신은 이미 훌륭하기 이를 데 없는 존재로서의 자각이 있다는 뜻입니다. 그것은 그런 존재가 지금 되었다는 뜻이 아니라, 언젠가 충분히 그런 존재가 될 수 있다는 뜻입니다. 그래서 당신은 그런 존재가 되기 위해 노력 할 수 있고, 될 수도 있다는 전제가 깔려있습니다.

동물들을 생각해보세요. 동물들에게는 그런 생각이 일어나지 않습니다.

하지만 당신에게는 그런 생각이 충분히 일어납니다. 그것은 당신이 이미 고귀한 존재의 씨앗이기 때문입니다.

그래서 당신은 지혜로운 이기주의자가 되어야 합니다.

그리고 스스로를 발전시키기 위해 노력해야 합니다.

그러는 동안 당신은 당신도 모르는 사이에 지금보다 훌륭한 예전보다는 훨씬 더 훌륭한 존재가 되어갈 것이기 때문입니다.

당신의 존재를 축복합니다.

⑥
지혜로운 이기주의자 5
-오해를 받았어요.

당신은 지금 누군가에게 오해를 받아서 기분이 많이 상했군요. 하지만 당신은 정지버튼을 누르고 지혜로운 이기주의자가 되기 위해 이 코너를 열었습니다.

당신을 응원합니다

오해라고 하는 것은 무엇일까요? 그것은 당신이 그 사람에게 인식되고 싶어하는 존재로서가 아니라 그보다 못한 존재로서 인식된 것에 대하여 일어난 감정적인 반발입니다.

당신에게 생긴 이 오해는 여러 가지 이유에서 일어날 수 있습니다.

당신 자신의 실수나 잘못으로 인해서 빚어진 오해도 있고 상대방에 의해서 일어난 일일 수도 있습니다. 그리고 제 3자로부터 일어난 오해일 수도 있습니다. 당신은 이 오해들 때문에 많이 괴로워합니다. 그리고 사회생활을 하는 우리들에게 이것은 매우 중요한 문제가 되기도 합니다. 하지만 당신에게 일어난 이 오해에서 이상한 것을 발견해 보기를 권합니다.

당신은 이 오해로 인해 괴로워하는데, 그 오해로 인해 괴로운 것은 그 오해가 진실이기 때문인가요? 아니면 그것을 그가 진실로 받아들이고 있어서 인가요?

그것은 당연히 후자일 것입니다.

당신이 괴로운 것은 당신에 관하여 진실이 아닌 것을 타인이 진실로 받아들일까 봐 걱정하는 것입니다.

타인이 받아들이고 있는 진실이 당신이 생각하는 것과 다른 것이 왜 당신을 괴롭힐까요?

당신이 생각하기에 그것은 거짓이기 때문에 거짓을 가진 자가 괴로워야 할 문제인데, 그것 때문에 당신은 괴롭고 있습니다.

물론 그도 괴로울 수 있습니다. 그래서 당신은 그 오해를 빨리 풀고 싶을 것입니다.

하지만 어떤 경우는 그것을 풀려고 하면 더 꼬일 수도 있습니다.

사실은 시간이 지나고 나면 아무 일도 아닌 일이 되는 경우도 많습니다. 혹은 기억도 안 나는 일이 되기도 합니다.

이것이 인간사회에서 일어나는 감정의 사건들입니다.

당신은 매번 반복되는 감정의 사건들로 인하여 괴로워하고, 슬퍼합니다.

지혜로운 이기주의자는 솜 냉정해져야 합니다. 솜더 냉성하게 자신의 존재를 생각해 보아야 합니다. 당신의 존재는 다른 사람이 좋지 않게 생각한다고 해서 좋지 않은 존재가 되고, 좋게 생각한다고 해서 좋은 존재가 되지 않습니다.

당신은 그저 훌륭한 존재가 될 수 있는 수많은 가능성을 가진 존재입니다.

그렇기 때문에 냉정해질 수 있습니다. 냉정하게 사건을 바라보면 그것은 한낱 거품과 같은 일에 불과하다는 것을 알게 됩니다.

냉정하게 자신이 타인의 인식에 지배당하지 않은 상태에서 그에게 당신의 진심을 전달해야 합니다. 그리고 그것이 타인에게 상처를 입힌 부분이 있다면 그것을 사과하고, 그의 마음을 어루만져 주어야 합니다. 혹은 타인의 오해로 인해 당신이 상처를 받았다면 과감히 용서해 주어야 합니다. 그리고 나서 다시 시작하는 것입니다.

　당신은 언제든지 다시 시작할 수 있습니다.

　지혜로운 이기주의자는 바로 그것을 아는 존재입니다.

　언제든지 다시 시작할 수 있다는 사실을 아는 존재, 그것이 바로 지혜로운 이기주의자입니다.

　당신은 정지버튼을 누른 순간 바로 다시 시작하게 된 것입니다.

　이제 좀 더 지혜로운 이기주의를 위해서 한발 내디뎌 보세요.

　당신이 좀더 지혜로워지는 것을 축하합니다.

지혜로운 이기주의자 6
-저 자신에게 실망했어요.

당신은 지금 당신 자신에게 실망해서 기분이 많이 상했군요. 하지만 당신은 정지버튼을 누르고 지혜로운 이기주의자가 되기 위해 이 코너를 열었습니다.

당신을 응원합니다

당신은 당신 스스로의 게으름이나 무기력함, 성냄, 부족함 등에 실망하고 화가 났습니다. 당신은 그 동안 누군가에게 책임을 전가했을 수도 있고, 그것으로 위로를 받았을 수 있습니다. 그런데 지금 이순간 당신은 아무에게노 어떤 책임노 물을 수 없으며 그저 자신을 냉정하게 바라보면서 무척 실망했을 것입니다.

그리고 쥐구멍에라도 숨고 싶을 만큼 힘들고 창피할 수도 있습니다. 하지만 저는 당신을 축하합니다. 왜냐하면, 당신이 부족한 당신을 발견하는 그 순간 당신은 부족한 자신이 아니라, 부족함을 발견하는 자신으로 재탄생 했기 때문입니다.

만약 당신이 부족한 존재 그 자체라면 당신은 당신의 부족함을 발견할 수 없습니다. 하지만 당신은 부족한 존재 그 자체가 아니라, 부족한 존재를 볼 수 있는 존재이기 때문에 그것을 발견할 수 있었던 것입니다.

이제 당신은 엄청난 성장으로 나아가거나 혹은 자괴감에 빠져 괴로워하면서 삶을 낭비하거나, 둘 중 하나의 선택을 남겨두고 있습니다.

대부분의 사람들은 후자가 될지도 모릅니다. 하지만 당신은 전자가 되었습니다. 왜냐하면, 정지버튼을 눌렀기 때문입니다.

당신은 당신 안에서 새로운 당신을 발견하게 되었습니다.

그것은 당신은 지혜로운 이기주의자의 길을 선택했기 때문입니다.

지혜로운 이기주의자인 당신은 부족한 당신을 바라봅니다. 그리고 그 부족한 것을 낱낱이 수정해 나갈 것입니다. 게으르거나, 혹은 무기력하거나, 오래 참지 못하거나, 실망스러웠던 모든 것들을 조금씩 혹은 한번에 바꾸는 결단을 할 수도 있을 것입니다. 당신은 당신 스스로에게서 부족함을 수정하면서 성장해 나갈 것입니다. 당신이 당신의 부족함을 보는 순간, 당신의 그릇은 그 전보다 훨씬 더 커져있습니다.

당신은 당신에게서 무엇이 부족한 줄을 알기 때문에 그것을 어떻게 바꿀 수 있는지도 알고 있습니다. 그리고 만약 그것이 잘 찾아지지 않는다면, 당신은 모든 역량을 동원해서 그것을 찾아갈 것입니다.

그리고 마침내 당신은 그것을 얻게 될 것입니다. 왜냐하면, 당신은 삶의 지혜의 열쇠를 찾아냈기 때문입니다. 그것은 진정한 지혜입니다.

그것은 다름아닌 "당신이 모른다는 것을 알게 된 것"입니다.

당신은 비로소 모른다는 것을 아는 존재가 되었습니다.

이것은 지혜로운 이기주의자의 가장 큰 수확이며 이것을 통해 지혜로운 이기주의자는 발전합니다.

당신이 정지버튼을 누르고 당신을 발견할 때마다 당신의 지혜는 커지고 당신의 존재는 빛이 납니다.

당신을 축복합니다.

지혜로운 이기주의자 7
-코로나로 인해 우울해요.

당신은 지금 코로나로 인해 예전 같지 않은 상황에 처해 우울하군요. 하지만 당신은 정지버튼을 누르고 지혜로운 이기주의자가 되기 위해 이 코너를 열었습니다.

당신을 응원합니다

코로나로 인해서 많은 사람들이 우울합니다. 하지만 지혜로운 이기주의자는 더 이상 우울해하면 안됩니다. 왜냐고요?

그 이유는 우울한 것은 이기적이지 않으니까요.

당신에게 찾아온 코로나로 인한 우울감은 누구에게나 찾아왔습니다.

그리고 전 세계를 우울에 빠뜨리고 있습니다. 하지만 그것은 이기적이지 않습니다.

코로나가 있기 전 당신의 삶을 한번 떠올려 보세요. 당신은 자유롭게 여행하고 쇼핑하며, 누구와도 자연스러운 만남을 하고 편하게 살아왔습니다.

하지만 코로나로 인해 당신은 지금까지 누렸던 모든 자유들로부터 억압당하고 있습니다. 이 얼마나 슬프고 우울한 현실입니까?

하지만 저는 당신에게 묻습니다.

당신이 그 동안 누리던 자유들 속에서 만났던 수많은 타인들과의 관계들 말고 진정한 자신과의 관계는 어떠했습니까?

당신은 자신이 어디서 와서 어디로 가는지 생각해 보았습니까?

당신은 당신이 진정 누구인지에 대해서 생각해 보았습니까?

당신은 당신이 진정으로 하고 싶은 일이 무엇인지 생각해보았습니까?

당신은 당신이 어떻게 사는 것이 가장 지혜로운 삶인지에 대해서 생각해본 적이 있었습니까?

아마도 안타깝게도 그 자유 속에서 당신은 그런 생각을 할 기회들이 많지 않았을 것입니다.

기회가 있었어도 당신은 타인과의 교류 속에서 그런 시간들을 가질 여유가 없었을 것입니다.

그렇다면 당신에게 그런 기회가 억압당하고 있었던 자유의 시간들은 진정한 자유의 시간이었을까요? 아니면 진정한 자유를 향한 갈구가 억압된 상태였을까요? 어떤 것이 진짜 구속의 상태였을까요?

저는 당신에게 추천합니다.

이제 당신에게 이 코로나 시기에 그 동안 밀린 숙제를 하시기를 추천합니다.

당신은 타인에 대한 탐구심을 잠시 접고, 타인 안에서의 자신의 존재를 찾는 것을 잠시 미루고, 당신 안에서 당신을 찾아내고, 당신에 대한 심오한 탐구로 돌아와야 하는 시점이 되었습니다.

당신은 이제 그 동안 바쁘다는 핑계로 만나지 못했던 진정한 자신과의 만남을 가져야 합니다. 그것이 진짜 지혜로운 이기주의자입니다.

그리고 당신은 이미 그것을 시작하였습니다.

그것은 당신이 정지버튼을 누르는 순간부터 시작되었습니다.

당신은 당신의 숨가쁜 시간들을 정지시키고, 당신과의 만남을 시작해야 합니다. 그리고 그것을 통해서 당신은 진정한 자유가 무엇인지를 알아갈 것입니다. 당신의 자유를 축복합니다.

지혜로운 이기주의자 8
-건강을 잃어서 우울해요.

당신은 지금 건강을 잃어서 기분이 매우 우울하군요. 하지만 당신은 정지버튼을 누르고 지혜로운 이기주의자가 되기 위해 이 코너를 열었습니다.

당신을 응원합니다

건강을 잃는다는 것은 정말 걱정스럽고 슬픈 일입니다. 그리고 누구도 좋아하는 일이 아닙니다. 하지만 누구나 겪어야 하는 일이기도 합니다.

건강을 잃는다는 것은 조금 슬픈 이야기이기도 하지만 냉정히 보면 당연한 일입니다. 누구나 겪고 누구에게나 평등한 일입니다.

오래 살아서 늙음에 이르러도 그 슬픔은 모두 같습니다.

따라서 지혜로운 이기주의자는 가만히 생각해 보아야 합니다. 당연한 일에 슬퍼해야 하는가? 하는 것입니다.

슬픔이 잠깐 왔다가 가는 것이라면, 그것은 괜찮을 수도 있습니다. 하지만 이 슬픔은 우울이 되고, 결국 병이 되어 몸을 더 상하게 만들기도 합니다.

그렇기 때문에 슬픔을 제대로 알아야 합니다.

우리는 몸이 다 되어 가는 것을 당연히 받아들여야 합니다.

그것은 마치 꽃이 지는 것과 같습니다. 달이 기우는 것과 같습니다. 해가 지는 것과 같습니다. 조금 아쉬운 것입니다. 하지만 당연한 것입니다.

아직 젊은데, 아직 할 일이 많이 남았는데, 하는 것도 똑 같습니다. 모든 몸은 다 다릅니다. 그냥 그것에는 각기 때가 정해져 있습니다.

그렇기 때문에 누구에게 좀더 일찍 왔다고 해서 그 또한 당연하지 않은 것이 아닙니다. 모두에게 당연합니다. 그래서 좀 아쉬운 일입니다.

그래서 지혜로운 이기주의자는 그냥 좀 아쉬워해야 합니다.

그리고 그것을 당연하게 받아들여야 합니다. 그리고 또한 알아차려야 합니다. 그것은 그 당연한 몸의 다함에 대하여 왜 슬퍼지는지를 찾아내는 것입니다. 몸이 다하면, 모든 것이 끝난다면, 사람은 슬퍼할 일이 없을지도 모릅니다. 당연한 것이고 끝나면 모든 것이 끝이 될 텐데 그리 슬퍼할 일이 아닌지도 모릅니다.

하지만 끝없는 슬픔을 보면 우리의 슬픔 속에는 비밀이 숨어 있을지도 모릅니다. 그것은 생명이 그렇게 죽으면 끝난다는 전제가 깔려 있는 지도 모릅니다. 다시 말하면, 우리는 몸의 존재로서의 자신에 대한 것만 염두에 두고 있지만, 자신도 모르는 사이에 영적 존재로서의 자신에 대해서 함께 생각하고 있는지도 모른다는 사실입니다.

그렇기 때문에 우리는 건강을 잃는 것을 슬퍼하는지도 모릅니다.

지혜로운 이기주의자는 이 슬픔의 순간을 고요하게 맞이합니다.

그리고 자신의 존재를 깊이 고찰해야 합니다. 그리고 스스로 발견해야 합니다. 이 소중한 시간을 한탄하며 슬퍼하고 소비하는 우둔한 일에서 벗어나야 합니다. 곰곰이, 그리고 찬찬히 생각해보세요.

당신은 훌륭한 그리고 지혜로운 이기주의자 입니다.

이제 당신은 몸의 존재로서가 아니라, 영적 존재로서의 자각으로 가야 하는 여행에 접어들었습니다.

당신을 축복합니다.

지혜로운 이기주의자 9
-재산을 잃어서 우울해요.

당신은 지금 당신의 소유를 잃어서 매우 우울하군요. 하지만 당신은 정지버튼을 누르고 지혜로운 이기주의자가 되기 위해 이 코너를 열었습니다.

당신을 응원합니다

사람들은 흔히 자신들의 소유를 매우 사랑합니다. 그리고 그것을 자신이라고 착각합니다. 하지만 소유는 오래 지속되지 않습니다. 어떤 좋은 가전제품도, 어떤 훌륭한 집도 당신과 함께 영원할 수 없습니다. 어린 아이들이 놀이터에서 놀다가 주머니에 모래를 가득 담아서 집에 들어옵니다. 아이에게 엄마가 묻습니다. 이거 왜 주머니에 넣었냐고 그러자 아이가 대답합니다. "집에 가져가서 놀려고" 엄마는 웃으며, 아이의 바지를 벗겨 주머니 속의 모래를 모두 버립니다.

이것이 소유의 이치입니다.

모래는 놀이터에서 노는 동안에만 가지고 노는 것이지 집에 들어올 때는 가지고 갈 수가 없습니다. 이것은 흔히 불교에서 이야기 하는 공수래 공수거의 이야기와 같지만, 더 깊을 수도 있습니다.

모래는 소유입니다. 소유에는 기간이 정해져 있습니다. 그것이 유효한 기간, 그것이 소유의 기간입니다.

이처럼, 소유는 완전할 수 없습니다. 그러므로 소유라기 보다는 임대라는 개념이 더 맞습니다. 잠깐 빌려서 사용하는 것입니다.

소유의 범위는 어디까지일까요?

당신이 가지고 있는 차, 집, 혹은 가족? 혹시 당신의 몸은 어떤가요?

당신의 몸조차 당신의 소유입니다.

당신에게서 소유를 모두 제거한 것을 당신의 존재라고 규정할 수 있다면, 당신의 존재는 과연 무엇인가요?

안타깝게도 당신이 존재라고 부를 수 있는 것은 아무것도 없다는 것을 알게 될 것입니다.

그러면 당신이 존재하지 않는다면, 저는 어떨까요?

저 또한 존재하지 않습니다.

그러면 다른 것들은 어떨까요?

맞습니다. 다른 모든 것들도 존재하지 않습니다.

존재하지도 않는 것들이 자신들이 스스로 존재한다고 느낀다면 그 이유는 무엇일까요?

혹은, 존재하지도 않는 것들이 왜 그렇게 소유에 집착하는 것일까요?

지혜로운 이기주의자는 끝없이 갈구합니다.

존재가 무엇인지 말입니다.

그리고 그는 마침내 발견합니다.

자신이 곧 모두라는 것을, 그리고 그것을 깨닫지 못하기 때문에 스스로를 존재시키기 위해서 소유에 집착하고 소유를 통해서 자신의 존재를 규명하고자 하는 모순을 일으키는 작은 나를 보게 될 때 비로소 우리는 지혜로운 이기주의자의 의미를 알게 됩니다.

당신의 존재를 축복합니다.

지혜로운 이기주의자 10
-사회적 지위를 잃어서 우울해요.

　당신은 지금 당신이 가지고 있던 사회적 지위를 잃어서 많이 우울하군요. 하지만 당신은 정지버튼을 누르고 지혜로운 이기주의자가 되기 위해 이 코너를 열었습니다.
　당신을 응원합니다

　많은 사람들은 명예를 중요하게 생각합니다.
　옛사람들은 명예와 목숨을 바꿀 만큼 명예를 중요하게 생각했습니다.
　지금의 사람들에게 명예는 직장이 될 수도 있고, 자신의 자존심이 될 수도 있습니다.
　이 사회적 지위라고 하는 것은 사회적으로 당신이 쌓아왔던 위치입니다.
　하지만 이것은 시간이 지나고 나면, 그리고 그에 따라 당신이 나이가 들고 나면 언젠가 물려주어야 하는 것에 불과합니다. 이것 역시 당연한 일입니다.
　옛말에 공든탑이 무너지랴? 라는 말이 있습니다.
　이 말의 뜻은 공든 탑은 무너지지 않는다는 말입니다.
　하지만 예나 지금이나, 우리는 공든 탑이 무너지는 것을 많이 보게 됩니다.
　그렇다면 이 격언을 만든 옛사람들은 그것을 알지 못해서 만들었을까요?

그것은 아닐 것입니다.

이 말은 이런 뜻일 것입니다.

탑과 공은 다릅니다.

탑을 쌓으려면 공이 들어가야 합니다.

하지만 탑은 자연재해나 전쟁에 의해서도 무너질 수 있습니다. 하지만 그것을 쌓기 위해 들인 공까지 무너지지는 않습니다.

당신은 오랫동안 공을 들여 지금까지 탑을 쌓아왔습니다. 하지만 시간이 지나고 나이가 들면서 당신이 쌓아 올린 탑은 무너질 수 있습니다. 하지만 그 공은 무너지지 않을 수 있습니다. 그렇지만 그 공이 어디에 쌓이는 지를 모르면 공도 무너집니다.

탑은 보이는 것이지만, 공은 보이지 않는 것입니다.

탑에 공까지 있다고 생각하면 탑과 함께 공도 무너집니다.

하지만 그것을 구분해내면, 공은 탑과 함께 무너지지 않습니다.

탑이 시간이 지남에 따라 무너지는 것은 너무나 당연한 일입니다.

하지만 공이 무너지는 것은 당연한 것이 아닙니다.

그 공을 지킬 수 있는 사람은 오직 지혜로운 이기주의자뿐입니다.

당신은 그것을 지켜내야 합니다.

그래야 죽음으로 향하는 당연한 삶 속에서 당신은 우뚝 서서 자리를 잡고 다시 일어설 수 있습니다. 당신이 지킨 그 공은 당신의 자녀들을 지키고 당신의 존재자체를 지키게 됩니다.

그러므로 당신은 이 소중한 시간을 '기회'로 아는, 진정한 지혜로운 이기주의자가 됩니다.

당신을 축복합니다.

생각바꾸기

생각에 관하여 1

　당신은 지금 성찰버튼을 눌러 생각 바꾸기에 대해서 알아보고 있습니다. 당신의 성찰에 대한 갈구를 응원합니다. 당신이 누른 성찰버튼 덕분에 당신은 생각에 대해서 생각하게 되었습니다.

　지금부터 세상으로부터의 시선을 거두고 당신 내면으로 향하는 여행을 시작해 보겠습니다.

　사람들은 흔히 자신이 생각을 한다고 생각하며 살아갑니다.

　하지만 실제로 그것은 맞지 않는 경우가 많습니다.

　어떤 철학자의 '인간은 생각하는 동물'이라는 말도 틀릴 수 있습니다.

　생각이 일어나는 과정을 가만히 들여다 보십시오.

　당신은 오늘 하루 종일, 그리고 평생을 생각을 한다고 생각하고 살아갈 것입니다. 하지만 이것은 큰 착각일 수 있습니다. 왜냐하면, 생각을 당신이 한다면 생각은 당신에 의해서 작동되는 능동적인 것이어야 할 텐데, 그것은 실제로 그렇지 않습니다. 당신은 오늘 아침 맞춰놓은 알람에 의해서 잠이 깨며 의식이 살아났을 것입니다.

　그리고 혹은 엄마의 잔소리를 들으면서 깨어났을 지도 모릅니다.

　그것이 어찌되었건, 당신에게 그때부터 외부의 자극이 시작되었을 것입니다. 당신은 반응했을 뿐입니다.

　엄마의 잔소리를 들으면서 짜증이 났을 수도 있습니다.

　알람에 의해 눈이 떠지면서 당신은 지긋지긋한 하루가 또 시작했구나,

할 수도 있습니다. 혹은 그 반대일 수도 있습니다.

하지만 잘 생각해보세요.

당신에게 자극이 오고 나서 당신의 생각이 시작한 것인지, 아니면 당신의 생각이 일어나고 당신의 반응이 있었는지 말입니다.

당신은 거의 모든 자극에 대해서 무의식적으로 반응하고 있었을 것입니다.

가끔 이상한 것이 발견될 때 가끔 의식의 개입이 있었지만, 하루를 사는 동안 그런 일이 일어나는 경우는 극히 드문 것이 현대를 살아가는 사람들입니다.

그렇다면 과연 당신의 생각처럼, 그냥 자극에 반응하는 나, 즉 그 반응에 따라 일어나는 나의 감정을 나의 생각이라고 할 수 있을까요?

그것은 여러분이 키우는 개에게도 일어나는 일이며, 파리에게도 일어나는 일입니다. 파리채를 들고 여러분이 파리를 잡기 위해 휘두르면, 파리는 당황하며 날아갑니다. 당신이 볼 수는 없지만, 파리에게도 두려움이 있을 수도 있습니다. 살기 위해 자극에 반응하는 것, 그것은 모든 존재들의 섭리입니다. 그것을 생각이라고 할 수 있을까요?

그런 것들은 생각의 범주에 넣을 수 없다는 것을 여러분은 알 수 있습니다. 그것은 그저 살아있는 존재의 자극에 대한 반응이며, 그 자극에 대해서 인간은 복합적인 감정이 작용합니다. 그래서 화가 나거나, 짜증이 나는 것이지요. 당신은 그것을 생각이라고 생각하고 있었지만, 그것은 생각이 아닙니다. 오늘 당신은 '생각'에 대해서 더 생각해 보세요.

당신이 다음 파일을 듣기까지 당신의 생각이 깊어지기를 바랍니다.

생각에 관하여 2

　당신은 지금 성찰버튼을 눌러 생각 바꾸기에 대해서 알아보고 있습니다. 당신의 성찰에 대한 갈구를 응원합니다. 당신이 누른 성찰버튼 덕분에 당신은 생각에 대해서 생각하게 되었습니다.
　지금부터 세상으로부터의 시선을 거두고 당신 내면으로 향하는 여행을 시작해 보겠습니다.

　지난 파일에 이어 생각에 관하여 더 알아보겠습니다.
　당신은 지난 파일을 듣고 나서 '생각'에 대해서 어떤 생각을 해보셨나요?
　당신이 깊은 생각을 진행해 보았다면, 당신의 생각과 당신의 감성은 명백히 다르다는 것을 알게 되었을 것입니다.
　하지만 감정도 분명히 생각과 비슷한 무엇인가를 이끌어 내는 것을 또한 부인할 수는 없을 것입니다.
　짜증나는 감정이 올라오고, 짜증나는 생각들이 일어납니다.
　예를 한번 들어볼까요?
　당신은 아침에 밥을 차려 주는 엄마가 "너 어제 또 늦게까지 게임 했구나?"라는 핀잔의 말을 들으면서 짜증이 나서 밥도 먹지 않고, 출근을 하였습니다.
　그리고 하루 종일 짜증나는 생각들이 일어났습니다.

회사에 가서 후배에게 괜히 짜증을 부리고, 그 덕분에 부장에게 혼이 나니까, 삶이 꼬이는 것 같다는 생각까지 들었습니다.

당신에게 일어날 수 있는 하루 일과입니다.

하지만 냉정하고 지혜로운 이기주의자인 당신은 가만히 생각해 봅니다.

'내가 엄마에게 왜 짜증을 냈을까?

나는 매번 왜 이렇게 짜증을 낼까?'

이런 의문이 들자 당신은 당신의 삶을 돌아보았습니다.

당신은 늘 오늘처럼 하지는 않았습니다.

오늘 따라 엄마의 핀잔이 더욱 짜증이 났던 이유를 생각해 보았습니다.

그랬더니, 요즘 회사에서 받은 스트레스 때문에 어제 밤에 늦게까지 고민을 하다가 늦잠을 자게 되었고, 잠이 부족해서 결국 짜증이 났다는 것을 알게 되었습니다.

그런 생각을 하면서 당신에게는 의문이 생겼습니다.

왜 똑 같은 자극에 대하여 똑 같은 반응이 일어나지 않는 것일까?

만약 자극이 같다면, 똑 같은 반응이 일어나야 할 텐데, 자신에게 똑 같은 반응이 일어나지 않는다면, 자극에 문제가 있는 것이 아니라, 반응하는 자신에게 문제가 있는 것은 아닐까? 하는 의문 말입니다.

네, 맞습니다.

우리는 삶 속에서 자극을 매우 중요하게 생각합니다.

하지만 자극보다 더 중요한 것이 있습니다. 그것은 그것을 소화해내는 능력입니다.

당신은 선택할 수 있는 자극보다 선택할 수 없는 자극이 더욱 많습니다.

그렇기 때문에 그 자극은 여러분이 어쩔 수 없이 받아들여야만 합니다.

자극은 우리에게 현실입니다.

하지만 반응은 모두에게 천차만별입니다.

내가 달다고 느끼는 커피를 누군가는 쓰다고 합니다.

자극은 이렇게 극명하게 나뉘기도 합니다.

우리는 이런 모순에 빠져있습니다.

현실세계는 고정 불변이라는 생각, 그리고 나의 감정은 그것을 반영한다는 생각.

이 두 생각은 우리 삶을 크게 지배하고 있으며, 우리가 모순된 삶을 살아가는데 길잡이가 되어 왔습니다.

하지만 공부가 깊어지는 당신에게 묻습니다.

그래서 어떤 것이 행복했는지요?

다음 시간에는 좀더 깊은 공부를 이어가 보겠습니다..

망상에 대하여 1

당신은 지금 성찰버튼을 눌러 생각 바꾸기에 대해서 알아보고 있습니다. 당신의 성찰에 대한 갈구를 응원합니다. 당신이 누른 성찰버튼 덕분에 당신은 생각에 대해서 생각하게 되었습니다.

지금부터 세상으로부터의 시선을 거두고 당신 내면으로 향하는 여행을 시작해 보겠습니다.

지난 파일에 이어 생각에 관하여 더 알아보겠습니다.

당신은 지난 파일에서 당신 내면에서 일어나는 모순에 대해서 깊은 성찰을 하였을 것입니다. 어떤 생각이 드셨나요?

이 모순 때문에 당신은 잠을 못 이루었을 수도 있습니다.

당신은 현실세계가 모든 것들의 키를 가지고 있으며, 당신은 거기에 순응해서 살아간다고 생각하며 지금까지 살아왔을 것입니다. 하지만 이것은 큰 착각입니다.

모든 키는 당신에게 있지만, 당신은 당신이 키맨이라는 사실을 망각한 채 세상 탓만을 하면서 살아왔던 것입니다.

당신이 키맨이 아니라, 고정불변인 현실세계가 당신의 삶을 좌지우지한다는 생각은 당신의 삶을 나락으로 빠뜨릴 수 있습니다.

당신의 생각은 고정되고, 당신의 주변에는 이상한 사람들이 많아질 것입니다.

왜냐하면 당신은 당신의 관념으로 당신 주변의 것들을 판단하고 있으면서, 그것을 진실이라고 믿고 있기 때문입니다.

정말로 이상한 일이 일어나는 것입니다.

자신이 믿는 대로 세상이 존재하는데, 자신이 세상을 만들고 있다는 사실을 깨닫지 못한다면, 삶은 점점 더 내가 원하는 세상이 되는 것이 아니라 내가 피하고 싶은 세상이 되어간다니 말입니다.

다시 아침에 핀잔을 주었던 어머니 이야기로 돌아가 보겠습니다.

당신은 어떤 때는 착한 딸로서 또는 아들로서 어머니를 대했지만, 어떤 때는 짜증나는 딸, 또는 아들로서 어머니를 대합니다.

어머니는 늘 한결 같았을 수도 있습니다. 아니 꼭 그러지 않아도 됩니다. 하지만 당신의 반응은 어머니의 자극에 따라 달라진 것이 아니라 당신의 상태에 따라 달라진 것입니다.

자극에 대해 반응하는 동안 당신에게는 여러 가지 생각들이 일어납니다.

그것들은 여러분의 몸의 상태 마음의 상태에 따라 각각 다릅니다.

그런 것들을 여러분은 생각이라고 할 수 있을까요?

그때 그때 다르고 변화무쌍하고, 예측이 불가능한 감정에 의해서 일어나는 생각들, 걷잡을 수 없는 소용돌이 같은 이것, 이것을 과연 무엇이라고 해야 어울리는 이름이 될까요?

그것을 이름하여 망상이라고 부릅니다.

당신이 그 동안 생각이라고 생각해 왔던 그것은 사실 대부분이 망상이었습니다.

망상은 당신의 '마음의 거울'에 비춰진 상을 이야기 합니다.

당신의 '마음의 거울'은 틀이 있습니다. 그 틀 역시 계속 변합니다.

그래서 어떤 때는 좋게 상을 맺었던 것이 어떤 때는 이상한 상을 맺기도 합니다.

이 망상들로 인해 당신의 삶은 그 동안 황폐하게 변해갔던 것입니다.

당신은 이제부터 이 망상을 없애는 작업을 해나가야 합니다.

그러면 당신의 삶은 진정으로 행복한 삶으로 갈 수 있습니다.

당신의 삶이 행복한 삶이 될 수 있도록 당신의 생각을 잘 다듬어 보세요.

망상에 대하여 2

당신은 지금 성찰버튼을 눌러 생각 바꾸기에 대해서 알아보고 있습니다. 당신의 성찰에 대한 갈구를 응원합니다. 당신이 누른 성찰버튼 덕분에 당신은 생각에 대해서 생각하게 되었습니다.

지금부터 세상으로부터의 시선을 거두고 당신 내면으로 향하는 여행을 시작해 보겠습니다.

지난 파일에 이어 생각에 관하여 더 알아보겠습니다.

당신의 삶은 지난 파일에서처럼 망상의 지배를 받으면서 이상한 방향으로 흐르고 있었습니다. 하지만 당신은 이 성찰버튼을 통해서 새로운 생각들이 생겨나기도 했습니다.

당신은 모순을 발견하고 그것을 극복하기 위한 정신적 작용이 일어난 것입니다.

자신의 삶의 주도권을 빼앗기고 살았던 것에 대한 반성과 후회, 그리고 다시 그것을 찾아와야겠다는 결의와 그것을 찾아오기 위한 방법들을 강구하게 되고 그것들을 어떻게 하면 가능하게 할 것인지를 고민하고 성찰하며 망상을 깨기 위해 노력하는 것, 이 모든 망상에 대항하는 당신의 정신적 활동은 생각이라고 부릅니다.

당신은 이처럼 삶 속에서 지금까지의 망상에 빠져 있던 모든 것들을 제거하고 망상의 늪에서 걸어 나오기 위해 애써야 합니다.

그것이 생각입니다.

생각이 일어나면, 당신의 삶은 다시 당신에게로 향하게 됩니다.

생각은 당신이 모순을 발견하게 되었을 때 시작됩니다. 타인의 모순이 아니라 자신의 모순을 발견했을 때 진정으로 시작합니다.

타인의 모순은 누구나 발견할 수 있습니다. 하지만 자신의 모순은 매우 발견하기 어렵습니다. 그렇기 때문에 타인에 대한 충고와 비판은 매우 쉽습니다. 이런 것이 모두 망상입니다.

당신은 이제 당신의 망상을 깨는 연습이 필요합니다. 당신의 망상을 깨기 위해서 당신은 먼저 당신의 망상을 생각해야 합니다. 당신이 믿는 모든 것들을 의심해야 합니다. 당신의 감정이 진실이라고 믿는 모든 것들, 그것들을 파고들어 의심하고 깨어버릴 때 당신의 생각이 시작되는 것입니다.

당신을 짜증나게 했던 어머니 이야기로 돌아가 봅니다.

당신에게 핀잔을 주는 어머니의 말에 당신은 짜증이 났습니다.

당신의 '마음의 거울'에 짜증나는 상이 생긴 것입니다.

당신은 그것을 의심해야 합니다. 그것은 거짓입니다.

당신을 괴롭게 하는 모든 것은 다 거짓입니다.

그래서 당신은 그것을 깨부셔야 합니다.

그것이 이상하다는 것을 아는 것, 그것이 알아차림입니다.

당신은 어머니가 당신에게 짜증을 일으켰을 때, 당신의 '마음의 거울'에 비친 상이 거짓임을 알아채고 그것을 생각해야 합니다.

'아, 짜증이 일어나려고 하는구나, 또 망상이 찾아왔구나, 망상아 떠나거라, 망상아 떠나거라'

이렇게 말을 걸어도 좋습니다.

혹은

'아, 짜증이 일어나는구나, 이상한 일이 또 일어나는구나, 짜증날 일이 아닌데 또 일어나는구나'하면서 묵묵히 바라보는 것도 도움이 됩니다.

혹은 당신에게 일어나는 짜증에 대해서 깊이 생각해보는 것입니다.

'아, 짜증이 일어나는구나, 어머니가 평소에 비슷한 말을 해도 나에게 똑 같은 짜증이 일어나지 않았던 것을 보면, 이것은 분명히 가짜구나, 그러니 이것이 망상이구나'

이런 깊은 생각들이 당신의 망상을 깨는데 큰 도움이 됩니다.

깊은 공부를 함께 하시는 여러분을 응원합니다.

모순을 보는 능력 1

당신은 지금 성찰버튼을 눌러 생각 바꾸기에 대해서 알아보고 있습니다. 당신의 성찰에 대한 갈구를 응원합니다. 당신이 누른 성찰버튼 덕분에 당신은 생각에 대해서 생각하게 되었습니다.

지금부터 세상으로부터의 시선을 거두고 당신 내면으로 향하는 여행을 시작해 보겠습니다.

지난 파일에 이어 생각을 하게 만드는 모순의 발견에 관하여 더 알아보겠습니다.

우리가 삶 속에서 일어나는 모순을 발견하는 것은 바로 생각이 시작되었다는 뜻입니다.

타인의 모순이 아니라 자신의 모순, 타인에게서 더 쉽게 보이지만, 그것을 비판하지 않고 자신에게서 찾아낸다면 그것은 진정한 성찰이며, 생각이 됩니다.

우리가 흔히 저지르는 모순은 화를 내는 것입니다.

화를 내서 행복해지는 사람은 세상에 없습니다.

간혹 그런 착각을 일으키는 사람들이 있지만, 그들은 현실 세계로부터 구분된 생활을 하게 됩니다.

그렇다면 화를 내게 되면 어떻게 될까요? 네, 맞습니다. 화를 내게 되면 사람들은 불행해집니다.

그런데 왜 화를 내게 되었을까요? 네, 맞습니다.

우리는 행복하기 위해서 화를 내게 됩니다.

여러분이 화가 나는 경우를 한번 성찰해보세요.

화난 사람은 하나같이 행복하게 해달라고 몸부림치고 있습니다.

이 모순에는 예외가 없습니다.

마치 삶의 공식처럼 말입니다.

화내는 어떤 사람도 화를 냄으로 인해 행복해지지 못하지만, 행복하고 싶어서 화를 내게 됩니다. 이것이 모순입니다. 이 모순을 꿰뚫어보는 것, 그것이 바로 생각입니다.

당신에게도 이런 일들은 하루에도 수없이 일어날 수 있습니다.

이것이 일어날 때마다 당신은 당신의 모순을 발견해야 합니다.

당신이 그 모순에 빠져버릴 때, 당신의 삶은 망상에 빠져 허우적대는 삶이 됩니다. 당신은 그 모순을 바라볼 때, 이 정지버튼을 활용해도 좋습니다.

이 정지버튼은 이제 당신의 생각을 일으키는 생각시작 버튼이 될 것입니다. 당신이 이 정지버튼을 누르는 순간 당신은 망상에서 깨어나고, 진정한 당신의 삶을 살아갈 수 있게 됩니다.

당신이 망상에 있는 동안 당신의 삶은 악몽과도 같습니다.

당신이 만약 악몽을 꾸고 있다면, 당신은 분명히 빨리 깨고 싶을 것입니다.

하지만 깨고 싶다고 깨는 것이 악몽이 아닙니다.

악몽에서 깨기 위해서는 각성이 필요합니다.

당신은 다행히 이 정지버튼과 함께 합니다. 그러니 악몽에서 깨어날 수 있습니다. 다시 당신의 세계로 돌아온 당신을 환영합니다.

모순을 보는 능력 2

당신은 지금 성찰버튼을 눌러 생각 바꾸기에 대해서 알아보고 있습니다. 당신의 성찰에 대한 갈구를 응원합니다. 당신이 누른 성찰버튼 덕분에 당신은 생각에 대해서 생각하게 되었습니다.

지금부터 세상으로부터의 시선을 거두고 당신 내면으로 향하는 여행을 시작해 보겠습니다.

지난 파일에 이어 생각을 하게 만드는 모순의 발견에 관하여 더 알아보겠습니다. 사람들은 흔히 돈을 벌면 행복하다고 생각하는데 돈이 많은 사람들조차 불행한 사람들을 우리는 보게 됩니다.

그렇다면 이것은 이상한 일입니다. 이것이 모순입니다.

우리가 굳게 믿고 있는 신념중의 하나인 '돈=행복'은 어떤 때는 맞지만 어떤 때는 틀립니다. 그렇다고, '가난=불행'이라는 공식도 어떤 때는 맞지만, 어떤 때는 틀립니다. 그렇다면 이것은 모순입니다.

물질적인 풍요로움이 당연히 행복과 이어져야 하는데, 이것은 틀린 경우가 많습니다. 물질적인 결핍이 불행과 이어지는 것도 마찬가지입니다.

이 모순을 제대로 보는 능력이 생겼을 때 우리는 망상을 극복할 수 있게 됩니다. 이 모순을 제대로 보는 능력이 생겼을 때 우리는 우리의 삶을 제대로 계획할 수 있게 됩니다. 제대로 계획했을 때 비로소 우리는 세상을 제대로 살아가게 됩니다.

우리가 세상을 제대로 살아가게 되었을 때, 드디어 남들과의 비교를 내려놓고 우리는 행복하게 됩니다.

사람들은 자신이 가진 것을 깨닫지 못하고 타인이 가진 것을 보면서 궁핍에 빠집니다. 그러니까 진짜 궁핍함이 있는 것이 아니라, 궁핍하다는 생각이 있는 것입니다.

그리고 그 궁핍하다는 생각이 바로 망상입니다.

돈이 많으면 행복하다는 생각은 우리가 가진 삶의 철학을 수없이 훼손시킵니다. 인간 저변에 깔린, 숭고한 가치인 철학을 이 망상이 들어와서 황폐하게 만듭니다. 이런 이야기를 듣고 몰랐던 이야기라고 새롭게 느끼는 사람은 별로 없습니다.

하지만 고개를 끄덕이면서도 사람들은 절대로 이 망상으로부터 벗어나오지 못합니다. 그 이유는 바로 중독 때문입니다.

그들은 중독에 빠져서 헤어나올 수 없습니다.

이 중독은 달콤합니다.

하지만 이 중독의 끝은 지옥입니다.

마음이 망가지고, 몸이 망가지고, 회복이 불가능한 상태가 됩니다.

그것을 깨달았을 때 대부분의 사람들은 때가 이미 늦었을 때입니다.

하지만 당신은 다릅니다.

이 모순을 발견하고 그것을 알아차리고, 그것을 극복하기 위해 애쓰는 당신을 응원합니다.

모순을 보는 능력 3

당신은 지금 성찰버튼을 눌러 생각 바꾸기에 대해서 알아보고 있습니다. 당신의 성찰에 대한 갈구를 응원합니다. 당신이 누른 성찰버튼 덕분에 당신은 생각에 대해서 생각하게 되었습니다.

지금부터 세상으로부터의 시선을 거두고 당신 내면으로 향하는 여행을 시작해 보겠습니다.

지난 파일에 이어 생각을 하게 만드는 모순의 발견에 관하여 더 알아보겠습니다.

우리는 흔히 공부를 열심히 해서 훌륭한 사람이 되어야 한다는 이야기를 듣고 자랐습니다. 하지만 이상하게도 공부를 열심히 하고, 또 잘해서 사회적으로 지도층에 오른 사람들이 존경 받지 못하는 경우를 우리는 흔히 보게 됩니다.

참 이상한 일입니다.

만약 그 보편적 진리라고 믿는 그 말이 맞다면 우리는 그런 일들을 보지 않아야 하거나 혹은 보더라도 간혹 보아야 할 텐데 뉴스 등을 통해서 보게 되는 이야기들은 우리의 상식을 뛰어넘게 됩니다.

왜 그런 일이 생길까요?

이것이 바로 모순입니다.

일반상식이라고 생각했던 그 원리가 들어맞지 않는데도 우리는 그것이 맞을 거라는 확신에 차 있는 것, 그것이 모순입니다.

공부를 열심히 하고, 시험을 잘 보고, 돈도 벌고 높은 자리에 앉을 수는 있지만 그 사람들 중에 훌륭하다고 일컬어지는 사람은 거의 없습니다.

오히려 우리가 훌륭하다고 생각하는 위인들을 보면, 모진 시련을 극복하고 자신을 희생하고, 스스로 고난을 택하고 그것을 극복하고 헌신하는 사람들이 많습니다.

그렇다면 우리는 큰 착각을 하고 있는 것은 아닐까요?

우리가 훌륭하다고 생각하는 것은 타인으로부터 존경 받을 만한 사람이 아니라 그냥 부러움을 받는 사람인지도 모릅니다.

하지만 그런 사람들의 삶은 편하고 쾌락적일지는 모르지만, 존경 받을 만하지는 않겠네요.

이런 모순은 왜 발생하게 되었을까요?

그것은 육체적 쾌락과 정신적 행복을 구분하지 못하는 데서 발생했을 수 있습니다.

우리는 보이는 삶, 즉 낳은 물질을 가지고 있고 그것을 누리면 몸은 매우 편하고 행복하다고 느낄 수 있습니다. 하지만 그것이 정신적 안정과 진정한 행복의 가치를 가져다 줄 수는 없다는 것을 알고 있습니다.

이 모순을 바라보고 그것을 깊은 통찰을 통해 극복하고 자신의 삶을 계획하고 실행에 옮기는 것, 그것이 바로 생각의 역할입니다.

이 능력을 기르는 자는 스스로 홀로 있어도 행복할 수 있는 사람입니다.

당신의 생각을 응원합니다.

다시 생각하기 1

당신은 지금 성찰버튼을 눌러 생각 바꾸기에 대해서 알아보고 있습니다. 당신의 성찰에 대한 갈구를 응원합니다. 당신이 누른 성찰버튼 덕분에 당신은 생각에 대해서 생각하게 되었습니다.

지금부터 세상으로부터의 시선을 거두고 당신 내면으로 향하는 여행을 시작해 보겠습니다.

지난 파일에 이어 생각에 관하여 더 알아보겠습니다.

당신은 이제 생각하기의 훈련을 통해서 망상에서 벗어난 많은 생각들을 경험하게 되었을 것입니다. 그리고 그것은 지금까지의 삶과는 차별화된 새로운 삶이 되었을지도 모릅니다.

당신의 도전에 경의를 표합니다.

하지만 당신은 스스로 생각하기에 그것도 부족하다고 느낄 수 있습니다.

그것이 부족하다고 느낄 수 있는 것, 그것이 바로 당신의 능력입니다.

당신의 능력은 당신이 생각한 것 보다 한 수 위입니다.

그것도 단순히 한 수 위가 아니라 늘 한 수 위입니다.

이것을 설명하기 위해서 당신에게 어머니와의 아침을 다시 떠올려봅니다.

당신은 당신에게 핀잔을 준 어머니에게 짜증을 부렸다가 이 파일들을 통해 그것이 당신의 망상 때문인 것을 알아차리게 되었습니다.

그리고 당신은 그 망상으로부터 벗어나기 위해 생각을 하게 되었습니다.

그리고 당신은 마침내 당신의 생각으로 그 모순을 일으킨 망상으로부터 벗어나게 되었고 이제 평온해졌습니다.

하지만 저는 당신에게 다시 생각해보라고 추천합니다.

이제 편안해진 당신이 그 때를 다시 생각해 보면서 변화된 것이 있다면 어떤 것이 있을까요?

당신은 다시 생각하기를 통해서 이런 생각이 일어날 수도 있습니다.

'아, 내 어머니가 참 나를 사랑하는구나. 내가 그렇게 짜증을 내는 데도 그것을 잘 받아주는 어머니의 사랑을 옹졸한 나로서는 이해하기 힘든 것이었구나'

라는 생각을 하게 될 수도 있습니다.

만약 당신이 그런 생각을 하게 되었다면 저는 당신에게 다시 요구합니다.

"다시 생각해보세요"

그러자 당신은 다시 생각해보기 시작합니다.

그리고 이런 생각을 하게 될 수도 있습니다.

'내가 다시 생각을 하자. 어머니는 참 숭고한 사람이 되었구나. 그렇다면 그 어머니를 짜증을 일으키는 주범으로 만들거나 혹은 숭고한 사람으로 만든 것은 바로 나구나'라고 말입니다.

만약 당신이 그런 생각을 하게 되었다면 저는 당신에게 또 다시 요구합니다.

"다시 생각해보세요"

그러자 당신은 다시 생각해보기 시작합니다.

그리고 이런 생각을 하게 될 수도 있습니다.

'아, 그러니까, 세상이 정해져 있는 것이 아니라, 나에 의해서 정해지는 것이구나, 그런데 왜 나는 그 동안 내가 정할 수 있는 세상을 바꿀 수 없다고 생각하고 살았을까?'

이처럼, 당신은 나의 요구에 따라 끝없이 다시 생각할 수 있습니다.

이렇게 다시 생각하기를 통해서 당신의 생각은 성장합니다.

당신의 생각은 훨씬 깊어집니다. 당신의 생각이 깊어진 만큼 당신의 삶이 깊어집니다.

당신의 삶이 깊어진 만큼 당신이 깊어집니다.

당신을 응원합니다.

⑨ 다시 생각하기 2

당신은 지금 다시 성찰버튼을 눌러 생각 바꾸기에 대해서 알아보고 있습니다. 당신의 성찰에 대한 갈구를 응원합니다. 당신이 누른 성찰버튼 덕분에 당신은 생각에 대해서 생각하게 되었습니다.

지금부터 세상으로부터의 시선을 거두고 당신 내면으로 향하는 여행을 시작해 보겠습니다.

지난 파일에 이어 다시 생각하기에 관하여 더 알아보겠습니다.
당신은 다시 생각하기를 삶 속에서 얼마나 적용해 보았나요?
다시 생각하기는 '깊이 생각하기'입니다.
처음의 다시 생각하기는 당신의 망상을 깨버립니다.
그리고 다시 생각하는 동안 예전의 생각은 저급한 생각이 될 수도 있습니다. 다시 생각하는 동안 당신은 성장합니다.
다시 생각하기 전과 후는 어떻게 달라졌습니까?
아마도 당신에게 일어난 다시 생각하기는
'다시 생각하기' 전에는 저급했던 생각이 매우 훌륭한 생각으로 발전했을 것입니다. 그리고 그것을 또 다시 생각하게 되면, 더 훌륭한 생각으로 발전하게 될 것입니다.
그렇다면 당신의 훌륭함의 끝은 어디일까요?
당신이 다시 생각하기 전의 당신은 불행했을지도 모릅니다.

하지만 당신이 다시 생각하고 나서 당신은 불행으로부터 빠져 나왔을 수도 있습니다. 그리고 또 다시 생각해보았다면, 당신은 행복으로 어느새 옮겨 왔을지도 모릅니다.

그리고 또, 또 다시 생각해보았다면, 당신의 삶이 그전보다 더욱 더 행복해졌을지도 모릅니다. 당신의 행복은 과연 어디까지 행복해질 수 있을까요?

어떤 사람은 이렇게 생각할 지도 모릅니다. 다시 생각해보니, 화가 난다고, 그것은 다시 생각하는 것이 아닙니다. 그것은 다시 예전으로 돌아가는 것입니다. 망상은 이처럼 당신이 다시 생각하는 동안에도 당신을 쫓아다니며 괴롭힐 수 있습니다.

다시 생각하는 것은 지금보다 나은 생각을 일으키는 것입니다.

다시 생각하기 전과 다시 생각한 후의 당신은 어떻게 다른가요?

아마도 다시 생각하기 전의 자신보다 다시 생각한 후의 자신에 대한 만족도가 훨씬 높을 것입니다.

당신은 다시 생각하는 것을 통해서 새로운 존재가 된 것입니다.

그전의 자신은 사라지고, 새로운 자신을 만나게 될 것입니다. 당신은 예전의 자신에 집착할 이유가 없습니다. 당신은 끝없이 새로워지고 또 새로워질 수 있습니다. 그것이 바로 다시 생각하기입니다.

당신이 다시 생각하는 동안 당신은 끝없이 성장하며 끝없이 행복해지고 끝없이 새로워집니다. 하지만 당신이 다시 생각하기를 멈추는 순간 망상은 당신을 다시 집어삼킬 것입니다.

당신에게 얼마나 큰 각성이 있었는지는 중요하지 않습니다. 그냥 다시 생각하기를 멈추는 순간, 당신은 망상의 먹이가 되어 다시 한탄의 시간을 갖게 될 것입니다. 당신이 되돌아감 없이 나아가기를 기원합니다.

⑩
생각을 바꿨더니 1

당신은 지금 성찰버튼을 눌러 생각 바꾸기에 대해서 알아보고 있습니다. 당신의 성찰에 대한 갈구를 응원합니다. 당신이 누른 성찰버튼 덕분에 당신은 생각에 대해서 생각하게 되었습니다.

지금부터 세상으로부터의 시선을 거두고 당신 내면으로 향하는 여행을 시작해 보겠습니다.

지난 파일에 이어 생각에 관하여 더 알아보겠습니다.

멍게에게는 뇌가 없습니다. 원래부터 뇌가 없는 것은 아니고, 유충일 때는 먹이를 구하기 위해 실제로 뇌를 열심히 쓰다가 성충이 되어 돌에 날라붙어 정착을 하고 나면 더 이상 움직일 필요가 없어지기 때문에 자신의 뇌를 자양분으로 흡수합니다. 더 이상 뇌를 쓸 일이 없으므로 제일 처음으로 하는 일이 자신의 뇌를 갉아먹는 것입니다.

멍게는 도대체 왜 이런 끔찍한 짓을 하는 걸까요?

뇌는 동물에게만 존재하는 신체기관입니다. 생존과 번식이라는 절대적 목표를 향해 움직이는 것이 뇌의 존재 이유이므로 움직이지 않으면 뇌는 필요가 없습니다. 한국인들이 세계적으로 우수한 두뇌를 자랑하는 이유 중 하나로 혹자는 젓가락질을 꼽습니다. 젓가락질은 매우 섬세한 움직임을 요하는 작업입니다. 나무나 쇠로 만들어진 가는 막대기 두 개를 한 손에 쥐고 콩 한 알이나 쌀 한 톨을 집어내는 것을 보며, 외국인들은 감탄을 금치 못하기도 합니다. 이런 기술을 선보이는 동안 뇌는 무엇을 하고 있을까요?

당연히 복잡한 신경과 근육의 움직임을 조율하며 협조를 하는 중인 것입니다. 이런 운동을 일상적으로 하는 뇌가 다른 뇌보다 더 활성화가 되는 것은 당연한 일입니다.

우리는 흔히 뇌가 생각을 담당하는 부위라고 알고 있지만 과연 그럴까요?

눈을 감고 돌고래를 떠올려보세요. 당신의 뇌는 지금 무엇을 상상하고 있을까요? 머릿속에 푸른 바다를 유영하고 있는 돌고래를 떠올리고 있다면 그것은 저 때문입니다. 당신의 뇌에 돌고래를 떠올리라고 명령한 것은 당신이 아니라 저입니다.

뇌는 당신의 것이지만 그 뇌에 명령어를 입력한 사람은 다른 이가 될 수도 있다는 것입니다. 만일 당신이 저를 싫어하고 심지어 미워한다고 할지라도 제가 "돌고래를 떠올려보세요."라고 하는 순간 당신의 뇌는 자동적으로 돌고래를 상상합니다. 그렇다면 "갑자기 단순한 명령어를 듣게 되는 상황은 어쩔 수 없다고 해도 복잡한 생각을 해야 하는 문제라면 당연히 내가 주도적으로 뇌를 움직이게 되지 않을까요?"라고 반문할 수 있을 것입니다. 이런 경우는 어떤가요?

버스를 탔는데 버스기사가 퉁명스럽게 당신을 맞이했습니다. 당신은 속으로 '아니, 뭐 이렇게 불친절한 버스기사가 다 있어? 기분 나쁘게!'라고 생각할 것입니다.

당신에게 이런 생각이 들게 만든 것은 당신 자신인가요? 아닙니다. 버스기사의 행동이 방아쇠를 당긴 것입니다.

그렇게 회사에 출근을 하고 났더니 신입 직원이 당신을 향해 활짝 웃는 얼굴로 "선배님, 좋은 아침입니다. 커피 한 잔 드릴까요?"라고 반갑게 인사를 했습니다. 그 순간 버스기사 때문에 언짢았던 마음은 어디론가 사라지고, 그 신입 직원을 보며 '아침부터 상큼한 미소를 보니 좋다.'는 생각을 하게 될 것입니다. 그러면 이 생각은 어디에서부터 온 것인가? 당신에게 웃는 얼굴로 인사를 건넨 그 신입 직원이 무슨 생각을 하며 하루를 시작했는지는 알 수 없지만 그의 생각이 당신의 생각에 영향을 미친 것입니다.

끊임없이 타인과 교류하는 우리의 일상을 되짚어보면 대부분 우리는 스스로의 생각을 생각 하는 것이 아니라 누군가의 영향을 받아, 혹은 누군가의 명령을 받아 생각을 하고 있습니다. 결국 우리는 본능적으로 타인의 생각을 생각하며 살고 있고, 타인 때문에 생각을 하게 되는 피동적인 존재인 것이다. 그러나 여기서 결코 간과해서는 안 되는 점은 우리가 타인의 생각만 생각하는 것이 아니라 스스로의 생각도 생각할 수 있는 능력이 있다는 것입니다. 이것이 그 동안 우리가 찾아내었던 생각입니다.

당신의 생각을 응원합니다.

생각을 바꿨더니 2

당신은 지금 성찰버튼을 눌러 생각 바꾸기에 대해서 알아보고 있습니다. 당신의 성찰에 대한 갈구를 응원합니다. 당신이 누른 성찰버튼 덕분에 당신은 생각에 대해서 생각하게 되었습니다.

지금부터 세상으로부터의 시선을 거두고 당신 내면으로 향하는 여행을 시작해 보겠습니다. 지난 파일에 이어 생각에 관하여 더 알아보겠습니다.

누군가와의 관계에서 상처를 받을 때 우리는 그 사람이 무슨 생각을 하는지 알려고 하고, 그 사람의 생각을 바꾸려고 노력합니다. 그러나 이것은 불가능한 일입니다. 내가 그 사람이 아닌데 어떻게 내 뜻대로 남의 생각을 좌지우지할 수 있을까요?

내 힘이 미칠 수 있는 것은 오직 내 생각뿐입니다. 스스로의 생각을 생각하고 바꾸는 것만이 상처에서 해방될 수 있는 길입니다. 그러나 내가 상처를 받는 입장일 경우, 나의 생각을 바꿈으로써 상처에서 벗어나는 것도 중요하지만 상처를 주는 입장이 되었을 때를 간과해서도 안 됩니다.

식탁에 앉아서 놀던 아이가 실수로 주스 잔을 엎질렀습니다. 그런데 한창 외출 준비로 분주하게 왔다 갔다 하던 엄마의 하얀 옷에 주스가 묻고 말았습니다. 엄마는 오만 인상을 쓰면서 아이에게 짜증난 목소리로 소리를 질렀습니다.

"너 진짜 이럴래? 정신 똑바로 안 차릴 거야? 엄마가 조심하라고 했어, 안 했어? 이거 오늘 꼭 입어야 하는 옷인데 너 때문에 오늘 일정을 다 망치게 됐잖아!"

"죄송합니다…… 잘못했어요……."

아이는 고개를 푹 숙인 채 눈물을 뚝뚝 떨구다가 자기 방으로 들어갑니다.

엄마가 망쳐버린 건 과연 무엇이었을까요? 엄마가 계획하고 있던 하루 일정과 아이의 마음, 두 가지 전부입니다. 그러나 이 둘 중에 무엇이 더 중요한 것일까요? 답은 이미 정해져 있고 우리 모두가 알고 있습니다.

엄마가 그날 입으려고 했던 옷은 이미 주스 자국으로 얼룩져서 망쳐버렸지만, 그 순간 아이의 마음은 망쳐지기 전이었습니다. 그 찰나에 엄마의 선택이 두 가지를 모두 망치느냐, 하나만 망치는 선에서 끝나느냐를 결정한 것입니다. 풀이 죽은 모습으로 아이가 방으로 들어가고 나서야 엄마는 너무 심한 말을 한 건 아닌지 자책을 할지도 모릅니다. 이렇게 우리는 모든 것을 망치고 나서야 무엇이 더 중요한 것인지를 깨닫게 됩니다. 그런 뒤늦은 후회의 지옥과 천국을 연결하는 다리의 이름이 바로 '생각을 바꿨더니'입니다.

"생각을 바꿨더니"는 다시 생각하기와 같습니다. 하지만 조금 다를 수도 있습니다.

다시 생각하기는 끝없이 긍정적으로 깊이 들어가는 것이라면, '생각을 바꿨더니'는 그러는 과정 속에서 혹은 삶의 현장에서 나도 모르게 빠져버린 망상의 늪을 헤치고 나오는 주문 같은 방법입니다. 당신의 생각, 그것을 바꾸는 능력, 그것은 오직 당신만이 할 수 있는 최고의 능력입니다.

당신의 삶이 최고의 삶이 되기를 기원합니다.

치유버튼 (죽음정지)

나쁜 기억 치유하기

① 어린 시절의 학대 치유하기

당신은 지금 치유버튼을 눌러 어린시절에 받은 학대 때문에 생긴 정신적인 문제를 치유하고자 합니다.

당신의 노력을 응원합니다. 또한 당신이 겪고 있는 정신적 장애가 당신이 겪은 우울한 지난날이라는 것을 알아차린 당신에게 경의를 표합니다.

하지만 과거가 지금의 당신을 옭아매게 해서는 안됩니다.

그래서 당신과 함께 당신의 어린 시절을 치유하고자 합니다.

어린 시절에 학대는 매우 불행한 일입니다. 그리고 그 상처는 평생을 두고 삶에 반영되며, 타인의 삶마저 괴롭히게 됩니다. 하지만 당신은 정말 다행입니다.

왜냐하면, 대부분의 사람들은 자신의 지금의 모습이 그 상처 때문이라는 사실을 알아차리기가 쉽지 않기 때문입니다.

하지만 당신은 그것을 알아차렸고, 그것을 알아차렸다는 것은 원인을 알아냈다는 것이기에 치유도 가능합니다. 그래도 당신이 적극적이고 협조적이어야 합니다.

당신은 당연히 그러할 것입니다. 함께 당신의 과거로 돌아가 봅니다.

당신에게 학대를 가한 사람은 불행히도 당신에게 아주 가까운 사람이었을 것입니다.

부모나, 혹은 가까운 친척이 당신에게 모진 짓을 했을 것입니다.

어린 시절은 누구에게나 소중하고 사랑 받아야 합니다. 하지만 당신은 사랑을 받는 대신에 학대를 당함으로 인해 자아가 형성되는데 방해를 받았습니다.

하지만 당신에게 이런 알아차림이 있다는 것은 학대 받아 갇힌 당신의 자아가 탈출을 시도하는 것과 같습니다.

어린 시절 당신을 학대했던 그 사람은 당신에게 당연히 사랑을 주었어야 하는 사람일 것입니다. 하지만 사랑을 주는 대신 학대를 했습니다. 그렇다면 그는 왜 그랬을까요?

사실 그 사람 역시 사랑 받아야 할 시기에 사랑 받지 못했기 때문에 당신을 학대했을 가능성이 높습니다. 다시 말하면, 당신을 학대한 그 역시 당신처럼, 학대 받았을 가능성이 높다는 것입니다. 그 말은 다시 말하면, 당신 역시 그와 비슷한 역할을 당신이 사랑하는 사람들에게 할 확률이 높다는 아주 위험한 말이 됩니다. 하지만 당신이 그와 다른 것은, 당신은 정지버튼을 누르고, 그것을 멈추고 싶어한다는 것입니다. 그렇기 때문에 멈출 수 있을 것입니다. 당신이 그것을 멈추지 않는다면, 당신의 비극은 대를 이어 계속 되풀이 될 것입니다. 그렇다면 당신은 그것을 어떻게 멈출 수 있을까요?

당신을 학대한 사람의 마음 속을 깊이 들여다 보면 해답을 찾을 수 있습니다.

당신을 학대한 그 사람은 사랑 받지 못해서 자아를 가둬버렸고, 자아가 성숙하지 못하게 되자 장애가 생겼고, 당신을 학대하게 되었습니다. 그에게 필요한 것이 무엇이었을까요?

네, 맞습니다. 그에게 필요한 것은 사랑이었습니다.

그는 사랑 받고 싶었습니다. 그가 어렸을 때도 그랬고, 성인이 되어서 당신을 학대할 때도 그랬을 것입니다. 즉, 그는 성인이 되었지만, 아직도 영혼은 어린아이와 같았을 것입니다. 그리고 진짜 어린 당신에게조차 사랑 받고 싶어서 몸부림치며, 당신을 학대한 것입니다. 그리고 그것이 당신에게까지 온 것입니다.

이제 당신이 할 수 있는 일은 두 가지 입니다.
하나는 매우 쉽지만 비극적이고, 하나는 매우 어렵지만, 해피엔딩입니다.
첫 번째는, 당신을 학대했던 그 사람처럼 수많은 사람들에게 사랑 받기 위해 애쓰고, 당신이 사랑해야 하는 사람들에게까지 그것을 계속 요구하는 것입니다. 그러면 당신은 애처럼 변해가고 당신을 학대한 사람을 닮아갈 것입니다.
다른 하나는, 정반대로 하는 것입니다. 먼저 사랑하는 것입니다. 이것은 아주 어려운 일입니다. 사랑을 받아보지 못했기 때문에 사랑을 주는 깃에 익숙하지 못할 것이기 때문입니다. 하지만 당신은 해내야 합니다. 그래야, 당신에게서 멈출 수 있게 됩니다.
그것은 어렵지만, 말로 하면 아주 간단합니다.
당신이 누군가에게 받고 싶은 것을 주면 됩니다.
가령, 당신이 칭찬을 듣고 싶다면 다른 사람을 칭찬하세요.
당신의 말을 누군가가 잘 들어주기를 바란다면, 그의 말을 잘 들어주세요.
당신이 누군가에게 배려 받기를 원한다면, 누군가에게 먼저 배려하세요.
당신이 따뜻한 시선을 원한다면, 당신이 먼저 따뜻한 눈을 떠 보이세요.
아주 작은 이 행위는 당신으로 하여금, 지금의 굴레로부터 벗어나는 신비한 힘을 발휘할 것입니다.

　당신이 정지버튼을 누르는 순간 당신에게는 사랑의 작용이 일어난다고 생각해보세요.
　그러는 동안 당신 안에서 사랑이 피어날 것입니다.
　당신을 응원합니다.

어린 시절의 성폭행

당신은 지금 치유버튼을 눌러 어린시절의 성폭행으로 인한 상처를 치유하고자 합니다.

당신의 노력을 응원합니다. 또한 당신이 겪고 있는 정신적 장애가 당신이 겪은 우울한 지난날이라는 것을 알아차린 당신에게 경의를 표합니다.

하지만 과거가 지금의 당신을 옭아매게 해서는 안됩니다.

그래서 당신과 함께 당신의 어린 시절을 치유하고자 합니다.

어린 시절에 당신이 당한 성폭행은 매우 불행한 일입니다. 그리고 그것의 상처는 평생을 두고 삶에 반영되며, 자신의 삶을 망치게 됩니다. 하지만 당신은 정말 다행입니다.

왜냐하면, 당신은 그 상처를 치유해야 한다는 사실을 알아차렸고, 치유의 방법을 찾아나선 것은 치유가 시작되었다는 것이기 때문입니다.

당신에게 일어난 일은 악몽과 같은 일일 것입니다. 하지만 악몽은 깨고 나면 사라져야 하는데, 당신은 깰 수 없는 악몽을 꾸는 것과 같을 수 있습니다. 하지만 가만히 생각해 보세요. 당신이 당한 그 일에서 당신의 선택이 있었나요?

당신은 아무런 선택도 하지 않았습니다. 그냥 당한 거죠. 그런 일을 저지른 사람은 어떨까요? 그는 사악한 마음에 자신의 몸을 내던졌고, 이내 당신에게 씻을 수 없는 상처를 남겼습니다. 그렇다면 뭔가 이상한 것을 당신은 찾을 수 있을 것입니다.

첫 번째는, 당신에게 지금까지 상처를 남기고 당신의 삶을 괴롭히는 것은 몸의 문제인가요? 아니면 마음의 문제인가요?
아마도 몸에 상처가 남았다고 하더라도 그것은 몸의 문제보다도 마음의 문제일 것입니다.
다시 말하자면, 마음의 문제가 몸의 문제보다 더 중요하다는 것입니다. 조금이 아니고 매우 많이 말입니다. 당신은 마음의 상처가 생긴 것입니다.
그 마음의 상처 때문에 괴로운 것이고, 그것 때문에 많은 시간이 지난 지금까지 당신은 마음의 장애가 생겨버렸습니다.

두 번째는, 당신에게 그런 끔찍한 일을 벌인 사람은 몸의 문제가 일어난 것인가요? 마음의 문제가 일어난 것인가요? 맞습니다. 그에게는 마음의 문제가 일어난 것입니다. 그러자 몸이 문제를 만들게 된 것이죠. 그의 몸이 당신의 몸을 망쳤고, 당신은 마음까지 다치게 되었습니다.

위의 두 가지가 다 맞을 겁니다. 하지만 뭐가 이상한지는 아직 못 찾았을지도 모릅니다.
위의 두 사실을 통해서 우리는 하나의 진실을 찾아낼 수 있습니다.
그것은, 당신은 아무런 마음의 문제가 일어나지 않았지만, 누군가 당신의 몸을 괴롭히자 마음의 문제가 일어났다는 것입니다. 그리고 그는 마음의 문제가 일어나, 당신의 몸을 괴롭히고, 당신의 마음에 평생 씻지 못할 상처를 남기고는 그냥 잘 살아가는 것입니다.

왜 몸이 상처받았는데 마음까지 상처받아야 하나요?

당신의 몸이 회복되었다면, 당신의 마음은 왜 아직도 회복되지 못하는 것인가요?

이런 모순은 마음을 모르기 때문입니다.

당신은 몸의 존재가 아닙니다. 그렇기 때문에 몸이 나아도 마음은 낫지 않는 것입니다.

몸의 존재가 아니기 때문에 몸의 상처 때문에 마음이 상하면 안됩니다.

그런데 마음이 무엇인지 모르면, 상처받게 됩니다. 당신은 몸의 존재가 아니기 때문에 몸의 상처는 그리 대수롭지 않을뿐더러, 마음의 존재이기 때문에 몸이 상했다고 마음이 상하면 안 된다는 것을 알아야 합니다.

마음은 타인에 의해서 상해지는 것이 아니라, 자기 자신에 의해 망쳐지는 것입니다. 다시 말하면, 당신이 아니라 그가 더 상처받아야 합니다. 그는 이미 상처받고 아파했습니다. 그래서 당신을 괴롭힌 것입니다.

그는 그냥 불쌍한 존재입니다.

당신이 두려워하거나 혹은 당신이 미워할 만한 존재도 못됩니다.

당신이 그를 미워하거나, 두려워한다면, 당신은 아직도 그의 지배 아래 있는 것입니다.

그의 악몽에 사로잡힌 것입니다.

그냥 그것들을 모조리 무시하세요.

그리고 당신의 삶을 살아가세요.

당신은 무죄입니다.

그리고 당신은 마음의 존재입니다.

그렇기 때문에 당신은 굳건히, 씩씩하게 잘 이겨낼 것입니다.

당신은 충분히 그럴 능력과 자격이 있습니다
당신을 응원합니다.

어린 시절 부모와의 갈등

　당신은 지금 치유버튼을 눌러 어린시절 부모와의 갈등으로 인해 생긴 정신적인 문제를 극복하고자 합니다.
　당신의 노력을 응원합니다. 또한 당신이 겪고 있는 정신적 장애가 당신이 겪은 우울한 지난날이라는 것을 알아차린 당신에게 경의를 표합니다.
　하지만 과거가 지금의 당신을 옭아매게 해서는 안됩니다.
　그래서 당신과 함께 당신의 어린 시절을 치유하고자 합니다.

　어린 시절에 당신이 겪은 당신의 부모와의 갈등은 매우 불행한 일입니다. 그리고 그것의 상처는 평생을 두고 삶에 반영되며, 자신의 삶을 망치게 됩니다. 하시만 당신은 정말 나행입니다.
　왜냐하면, 당신은 그 상처를 치유해야 한다는 사실을 알아차렸고, 치유의 방법을 찾아나선 것은 치유가 시작되었다는 것이기 때문입니다
　어린 시절 부모와의 크고 작은 갈등은 사실 모든 사람들에게 있습니다. 하지만 당신에게 유독 그것이 장애가 되는 것은 그 갈등의 골이 매우 깊었기 때문입니다.
　당신은 부모를 그리고 부모는 당신에게 그 탓을 돌리고 있을지도 모릅니다.
　그리고 당신은 부모와 냉랭한 관계나, 혹은 보지 않고 오랜 시간을 살아갈지도 모릅니다. 그리고 그렇게 살아가는 것이 양쪽에 모두 행복한

것이라면, 굳이 그것을 개선하기 위해 노력할 필요가 없을지도 모릅니다. 하지만 당신에게는 그리 편하지 않습니다. 그래서 그것을 개선하고자 하는 것입니다.

당신은 부모가 되었을 수도 있고 그러지 않을 수도 있습니다.

하지만 만약 당신이 부모가 되는 상상을 해보거나, 혹은 부모가 처음 되어 봤을 때를 생각해보세요. 당신은 얼마나 노련한 부모가 될 거라고, 혹은 노련한 부모였다고 생각이 드시나요?

사람들은 너무 당연하게 애기들을 낳고 키우지만, 실제로 처음으로 부모가 된다는 것은 매우 얼떨떨한 상태에서 되는 것입니다. 다시 말해서, 뭘 알아서 부모가 된다기 보다는 부모가 되어서 뭘 알아간다는 것입니다.

그렇기 때문에, 당신이 생각하는 것처럼, 부모가 그렇게 현명하지 않을 가능성이 높습니다. 예전의 대가족제도에서는 부모가 조금 부족해도 경험이 많은 어른들이 함께 육아를 도우면서 여러 가지 보완을 해주었겠지만, 지금과 같은 세상에서는 오직 부모와의 관계를 통해서 하나의 인격체가 자라게 됩니다.

그래서 당신을 키운 부모는 당신이 생각하는 것처럼, 그렇게 현명하지 않을 수 있습니다. 그래서 당신과 많이 다투었을 것입니다. 그것은 부모가 당신과 동급이라는 사실을 말해줍니다. 체급이 다르면 싸우지 않습니다. 당신과 다툰 당신의 부모는 당신과 동등한 수준의 사람이었습니다. 그리고 현명하지도 않고, 그러나 자신의 한도 내에서 최선을 다해보려고 애썼을지도 모릅니다. 하지만 세상은 그들의 뜻대로 되지 않았을 것입니다. 늘 감정에 내몰리고, 또 세상의 파도에 휩쓸리고, 그것을 핑계로 당신을 돌보는데 전념하지 못하는 것처럼 보였을 수도 있습니다. 당신이 보기에는 한심해 보이기까지 했을지도 모릅니다.

당신이 저지를 법한 실수를 저지르고, 당신보다 못한 지적 수준과 학력을 가졌을 수도 있습니다. 그리고 한 많고 처량한 삶을 살아갈지도 모릅니다.

참 안타깝고 처량하지 않나요?
당신이 미워하기엔 왠지 좀 불쌍하지 않나요?
그것이 당신의 부모입니다.
당신이 어린 시절 싸우고 서로 상처 주었던 그 부모가 이제 성인이 되어서 보니, 그리고 이렇게 듣고 보니, 참 불쌍한 존재였던 것입니다.
이제는 당신과 싸울만하지도 못한 존재입니다.
이제 그들을 용서해주세요.
지금은 아마도 당신이 더 힘이 세졌을 것입니다.
그러니 그만, 그들을 용서해주세요.
그러면 그들이 자유로워지는 것이 아니라, 당신이 자유로워집니다.
당신이 자유로워져야 당신의 세상이 평화로워집니다.
그것이 참 행복입니다.
당신이 행복해지기 위해 그들을 용서하는 것입니다.
그리고 그들을 용서할 만큼 당신을 키운 그들은 용서받을 만합니다.
그들을 사랑해주세요.

어린 시절의 버림받음

당신은 지금 치유버튼을 눌러 어린시절의 버림받은 상처를 치유하고자 합니다.

당신의 노력을 응원합니다. 또한 당신이 겪고 있는 정신적 장애가 당신이 겪은 우울한 지난날이라는 것을 알아차린 당신에게 경의를 표합니다.

하지만 과거가 지금의 당신을 옭아매게 해서는 안됩니다.

그래서 당신과 함께 당신의 어린 시절을 치유하고자 합니다.

어린 시절에 당신이 버림받은 것은 매우 불행한 일입니다. 그리고 그것의 상처는 평생을 두고 삶에 반영되며, 자신의 삶을 망치게 됩니다. 하지만 당신은 정말 다행입니다.

왜냐하면, 당신은 그 상처를 치유해야 한다는 사실을 알아차렸고, 치유의 방법을 찾아나선 것은 치유가 시작되었다는 것이기 때문입니다.

당신의 부모는 당신을 버렸습니다. 당신은 이유를 알 수도 있고 모를 수도 있습니다. 당신은 그들이 원하는 아이가 아니었다고 생각할 수도 있고 그로 인한 상처가 매우 클 수도 있습니다.

아기들을 선택해서 낳는 사람은 어떤 사람들일까요?

결혼을 하고 아기가 생기기를 바라며 아기를 낳는 사람은 그럴 수도 있다고 생각 들겠네요. 하지만 그들이 바로 그 아기를 기다렸을까요?

아마 그들도 어떤 아기가 태어날지는 모른 상태로 그냥 자신들의 사랑의 결실이 태어나기를 바랬을 거에요.
그리고 아기와의 첫 만남을 하게 되겠지요.
그러니까 엄밀히 말하면, 아기를 기다린 것은 맞지만 딱 그 아이를 기다린 것은 아니라는 말입니다. 그냥 아이를 기다린 것입니다.

만약 당신이 그들의 가정에서 태어난다면 그 덕분에 그들에게 당신은 기다렸던 아이가 되는 것이고, 만약 당신이 지금 처한 상황처럼 태어났기 때문에 버림받았다고 한다면, 이것은 뭔가 이상한 것입니다.

당신의 존재가 그들에 의해서 기다려졌거나 버림받은 것이 아니라, 당신의 존재는 그냥 그대로 있었으나 그들의 상황에 따라 기다려진 소중한 존재가 되거나, 혹은 버림받은 존재가 된다면, 존재라고 하는 것이 회전판에 화살을 쏘는 것과 같네요.
살 맞으면 재수가 좋고, 아니면 망하고 말입니다.

이처럼 자신의 존재가 타인에 의해서 정해지는 것은 매우 흔한 일입니다.
당신은 당신을 사랑해주는 사람들에게 호의를 가질 것이고, 당신을 미워하는 사람들에게 적의를 품게 될 것입니다.
하지만 당신은 또한 새로운 지혜도 있습니다.
그것은, 당신이 사랑해준 사람이 당신에게 호의를 가졌을 테고, 당신이 미워한 사람이 당신에게 적의를 품었다는 사실 말입니다.
당신은 누군가에 의해 좋은 사람이 되거나 나쁜 사람이 되거나 해서

울고 웃었다면, 당신에 의해서 누군가도 그랬을 것입니다.

한발 더 나아가, 당신이 누군가를 사랑했을 때 당신은 더 행복했을 것입니다.

당신이 버림받은 것은 재수입니다.

그냥 재수가 없는 것입니다.

그것은 당신이 선택할 수 있는 일이 아닙니다.

누구도 선택할 수 없는 일입니다.

하지만 설령 버림받았다고 하더라도, 어떤 사람은 그것을 딛고 일어서서 그것을 극복하고 훌륭한 사람이 되는 사람도 있습니다. 그것은 아주 어려운 일입니다.

하지만 당신은 할 수 있습니다. 왜냐하면, 당신은 정지버튼을 누르고, 치유버튼을 눌러서 그것을 극복하기 위해 노력하기 때문입니다.

당신을 응원합니다.

당신이 그것을 극복하면, 당신의 삶은 지금보다 훨씬 더 행복해지고, 당신의 능력은 지금보다 훨씬 더 확대될 것이기 때문입니다.

당신을 응원합니다.

⑤ 배신

당신은 지금 치유버튼을 눌러 과거에 받은 배신으로 인한 상처를 극복하고자 합니다.

당신의 노력을 응원합니다. 또한 당신이 겪고 있는 정신적 장애가 당신이 겪은 우울한 지난날이라는 것을 알아차린 당신에게 경의를 표합니다.

하지만 과거가 지금의 당신을 옭아매게 해서는 안됩니다.

그래서 당신과 함께 당신의 지난 시절을 치유하고자 합니다.

과거에 당신이 당한 배신은 매우 불행한 일입니다. 그리고 그것의 상처는 평생을 두고 삶에 반영되며, 자신의 삶을 망치게 됩니다. 하지만 당신은 성말 다행입니다.

왜냐하면, 당신은 그 상처를 치유해야 한다는 사실을 알아차렸고, 치유의 방법을 찾아나선 것은 치유가 시작되었다는 것이기 때문입니다

당신이 당한 배신은 아마도 사랑하는 사람에게서 받은 것일 것입니다. 왜냐하면, 사랑하지 않는다면, 당신에게 이처럼 상처를 입힐 수는 없기 때문입니다.

그렇다면 조금 이상 것이 발견되네요.

그것은 당신이 사랑했기 때문에 배신을 느꼈다면, 당신이 사랑하지 않는 사람에게는 배신을 느끼지 않는다는 것이 되는데, 그렇다면 배신감은 당신의 사랑이 문제일 수 있기 때문입니다.

또 한가지 이상한 생각도 듭니다.

당신이 진정으로 사랑하는 사람이라면, 예컨데 당신의 자식이나 당신의 부모가 자신들의 행복을 찾아 떠나게 된 것을 당신은 배신이라고 생각할까요?

당신이 진정으로 사랑한다면, 당신은 그들의 선택을 존중하고 그들이 행복하게 살기를 바랄 것입니다. 그것이 진정한 사랑이니까요.

그렇다면 당신이 사랑이라고 생각했던 그것에 대해서 의심해 봐야 합니다.

그것은 과연 진정한 사랑이었을까요?

그것은 혹시 집착이 아니었을까요?

때로는 삶은 이 둘을 혼돈하게 만듭니다.

왜냐하면, 그 결과가 둘 다 행복이기 때문입니다.

당신은 사랑하는 사람에게 집착하고 그의 사랑을 확인하게 되면 행복해합니다.

하지만 그의 사랑이 당신의 기대에 부응하지 못한다면, 당신은 금세 화가 나고, 우울해집니다.

집착은 성공하면 행복하다고 느끼게 되지만, 성공하지 못하면 불행하다고 느끼게 됩니다.

하지만 진정한 사랑은 그렇지 않습니다.

이것은 집착이 없기 때문에 성공과 실패가 따로 있지 않습니다.

모두 성공입니다.

그냥 사랑을 주기만 하기 때문에 실패할 이유가 없습니다.

결국 당신이 당한 배신은 그가 한 것이 아니라, 당신의 집착이 낳은 결과물일 수 있습니다.

하지만 이것을 결정하는 것에는 조건이 있습니다. 그것은 당신이 그것을 인정해야 합니다.

당신이 그것을 인정하는 순간 당신은 집착으로부터 벗어날 수 있습니다.

당신이 집착으로부터 벗어나야 진정한 사랑을 할 수 있습니다.

사회적 제도에 연연해 하면 안됩니다. 그것이 여러분이 정하는 개인의 행복까지 지켜주지 못하기 때문입니다.

당신은 당신 세계의 독립된 존재이며, 행복해야 합니다.

그렇기 때문에 집착을 내려놓고, 사랑해야 합니다.

서로 사랑해야 합니다.

그러면 실망이 없습니다.

그러면 상처가 없습니다.

그러면 아픔이 없고 괴로움이 없습니다.

그것이 당신이 진정으로 바라는 행복이 아닌가요?

그것을 위해 집착을 내려놓아야 합니다.

남편의 폭력

당신은 지금 치유버튼을 눌러 남편의 폭력으로 인해 생긴 정신적인 문제를 치유하고자 합니다.

당신의 노력을 응원합니다. 또한 당신이 겪고 있는 정신적 장애가 당신이 겪은 우울한 지난날이라는 것을 알아차린 당신에게 경의를 표합니다.

하지만 과거가 지금의 당신을 옭아매게 해서는 안됩니다.

그래서 당신과 함께 당신의 지난 시절을 치유하고자 합니다.

과거에 당신이 당한 배우자의 폭행은 매우 불행한 일입니다. 그리고 그것의 상처는 평생을 두고 삶에 반영되며, 자신의 삶을 망치게 됩니다. 하지만 당신은 정말 다행입니다.

왜냐하면, 당신은 그 상처를 치유해야 한다는 사실을 알아차렸고, 치유의 방법을 찾아나선 것은 치유가 시작되었다는 것이기 때문입니다

저는 당신이 지금 당신에게 폭력을 행사했던 남편과 함께 살고 있는지, 아니면 헤어졌는지, 혹은 함께 살고 있고, 사랑하지만 폭력 때문에 힘든지, 아니면 지긋지긋해 하며 살아가는지 여타의 상황을 알지 못합니다.

다만 확실한 것은 당신이 남편의 폭력으로 인해 과거에 상처받았고, 그 트라우마가 지금 당신의 삶을 괴롭히고 있다는 것입니다.

당신은 어찌 되었건 남편을 반려자로 선택했고, 그에게 이런 폭력이

숨겨져 있을 것이라는 것을 알지 못했겠지만, 그 폭력에 의해 고통 받고 있습니다.

몸의 고통보다도 마음의 고통이 훨씬 더 클 것으로 여겨집니다.

참으로 비극적인 일입니다. 당신은 남편이 죽이고 싶도록 미울 수도 있습니다.

그런데 가만히 그 마음을 들여다 보십시오.

그 마음을 행동으로 옮기게 되면 어떻게 될까요?

그것이 폭력이 됩니다. 그런데 그 마음을 행동으로 못 옮기는 이유는 무엇인가요?

당신은 그것이 힘이 약해서라고 생각할 수도 있습니다.

하지만 엄격히 따지면 힘이 약해서만은 아닐 것입니다.

힘이 약해도 정말 당신이 독한 마음을 먹는다면, 무엇이든 가능한 일일 것입니다.

당신은 이미 알고 있기 때문입니다.

그것은 당신이 그를 없애버려도 그는 절대로 없어지지 않습니다.

당신이 없애버리고 싶은 것은 당신을 때리는 남편이라는 존재가 아니라, 당신을 때리게 하는 남편의 그 마음을 없애고 싶은 것이기 때문입니다.

남편이라는 물질적 존재를 없앤다고 해결되는 문제가 아니라 마음의 문제입니다.

그런데 남편이 당신에게 폭력을 휘두르자 당신의 마음속에서도 폭력이 일어납니다.

그렇다면 남편에게 일어난 폭력적인 마음은 어떻게 일어났을까요?

그것은 남편도 누군가에게 배운 것입니다.

폭력은 굳이 어떻게 하라고 가르치지 않아도 배우게 됩니다.

이것이 악행의 공통점입니다.

가르치지 않아도 찾아서 배우게 됩니다. 그것은 그것의 달콤한 유혹, 즉 쾌락이 숨어 있기 때문입니다. 폭력을 제거하는 것은 매우 어려운 일입니다. 그리고 그것이 남긴 상처도 제거하기에 무척 어렵습니다.

하지만 당신이 그것을 제거하고 싶어하는 마음이 있다면 가능합니다.

폭력은 사랑 받고자 하는 갈망의 과격한 표현입니다.

당신에게 남은 상처도 사랑 받고자 하는 갈망이 남긴 것입니다.

그래서 가해와 피해가 똑 같습니다.

사랑 받고자 하는 마음으로부터 시작합니다.

당신의 상처를 치유하기 위해서는 상처를 알아야 합니다.

그 원인을 알아야 합니다.

그것은 상처가 아니라는 사실을 깨우쳐야 합니다.

그것은 사랑 받고자 하는 당신이 당신 스스로를 위로하기 위해 만든 어리광 같은 것입니다. 그렇기에 당신의 상처에 관대하지 마세요.

당신의 상처는 당신에게 어린아이처럼 칭얼거리면서, 다독여달라고 떼쓰면서 스스로를 해칠 것입니다.

당신은 그 어린아이에게 냉정해야 합니다.

혼자 일어서게 해야 합니다.

"넌, 어린아이가 아니야, 그리고 그것은 상처가 아니라 폭력이야, 네가 할 수 있는 것은 딱 하나야, 더 사랑하는 것"

이렇게 단단히 마음을 붙잡고 주변의 누구라도, 어떤 것이라도 당신의 사랑을 쏟아 사랑해보세요. 그러는 동안 당신의 상처는 치료되고, 그 어린아이는 언제 떼를 부렸는지 기억도 못한 채 행복해 할 것입니다.

그것이 진정한 치유입니다.

가족의 죽음

당신은 지금 치유버튼을 눌러 가족의 죽음으로 인해 생긴 정신적인 문제를 치유하고자 합니다.

당신의 노력을 응원합니다.

하지만 과거가 지금의 당신을 옭아매게 해서는 안됩니다.

그래서 당신과 함께 당신의 어린 시절을 치유하고자 합니다.

과거에 당신 가족의 죽음은 매우 불행한 일입니다. 그리고 그것의 상처는 평생을 두고 삶에 반영되며, 자신의 삶을 망치게 됩니다. 하지만 당신은 정말 다행입니다.

왜냐하면, 당신은 그 상처를 치유해야 한다는 사실을 알아차렸고, 치유의 방법을 찾아나선 것은 치유가 시작되었다는 것이기 때문입니다.

사람에게 확실한 한가지는 죽음입니다.

사람에게 평등한 한가지도 죽음입니다.

사람들은 가끔 예기치 못한 황당한 일을 당하게 됩니다.

그것을 이름하여, 청천벽력 같은 일이라고 부르기도 합니다.

그렇다면 당신에게 가장 청천벽력 같은 일은 무엇일까요?

그것은 다름아닌 당신의 죽음입니다.

당신이 사랑하는 어떤 사람의 죽음보다 당신 앞에 닥친 죽음이야 말로 가장 당황스러운 일일 것입니다.

당신이 상처받고 울부짖는 이유는 떠난 사람을 위한 것일까요?

안타깝게도 당신을 위한 것입니다.

당신은 울부짖고 스스로를 해치면서 당신을 위한 울음을 그치지 못합니다.

참 이상한 일이 일어나는 것입니다.

당신을 위하여 당신을 해치고 있다니 말입니다.

그래서 당신은 죽음을 알아야 합니다.

죽음에 대한 슬픔을 알아야 합니다.

죽음으로 모든 것이 끝난다면, 죽음을 두려워하거나 슬퍼할 이유가 없습니다.

그냥 그 동안의 삶을 비춰볼 때 좀 아쉽긴 해도 죽어서 모든 것이 끝나는데 뭐가 그렇게 슬프고 두려울까요?

죽음으로 모든 것이 끝난다고 이야기 하는 어떤 똑똑한 철학자도 죽음을 두려워합니다.

그것은 죽음으로 모든 것이 끝나지 않을 지도 모르기 때문입니다.

당신은 당신이 어디서 왔는지 아시나요?

혹은 당신이 어디로 가는지 아시나요?

그것을 알 수는 없을 것입니다.

당신에게 종교가 있다면 믿음이 있을 수는 있지만, 그것은 믿는 것이지 아는 것이 아닙니다. 하지만 모르는 것 투성이인 이 삶에 확실한 것 한 가지는 죽는다는 것입니다.

죽음만이 삶에서 가장 확실한 것입니다.
당신은 어디서 와서 어디로 가는지는 모르지만, 어디선가 오고 어디론가 간다면, 그것의 시작이 될 것은 바로 죽음이 될 것입니다.
당신은 당신이 살아 있음을 어떻게 아나요?
당신이 움직이기 때문인가요?
아니면 당신의 움직임을 알고 있기 때문인가요?
아니면 당신이 살아있다는 것을 알고 있기 때문인가요?
만약 당신이 이것을 모르고 살아간다면, 당신은 죽은 것인가요?
당신이 만약 당신이 살아있음을 느끼지 못한다면, 당신은 죽은 삶과 같다고 말할 수 있을까요?

그렇다면 다시 묻습니다.
당신은 살아있나요?
그리고 그것을 느끼나요?
만약 그렇다면 당신은 살아있는 것이 맞을 것입니다.
하지만 매일 그것을 느끼나요?
그것이 아니라면, 느끼는 때는 살아있지만, 못 느낄 때는 죽어 있는 삶이 되겠군요.

당신은 당신을 위한 삶에 집중해야 합니다.
가족의 죽음에 매몰되어 살아도 죽은 삶을 살아서는 안됩니다.
당신이 살아있음을 느낄 때 가족도 지킬 수 있습니다.
살아있음을 느끼는 것은 매우 간단합니다.
지금의 자신을 관찰하는 것입니다.

지금 자신의 행위를 관찰하고, 그것에 집중하는 것입니다.

그러면 당신의 마음은 평온해지고, 현존하게 됩니다.

그것이야 말로 당신의 삶을 당신이 스스로 온전히 살아가는 것입니다.

당신의 살아있는 삶을 축복합니다.

죽고 싶다면 꼭 눌러보세요.

제발 아직은 죽지 마세요.

 만약 꼭 죽어야겠다면, 이 글을 꼭 읽고 나서 죽으세요.
 죽음을 각오한 당신이라면, 이제 죽을 일만 남았잖아요. 그러니까, 이 글 한번쯤 읽고 나서 그리고 죽어도 늦지 않을 테니까요.

 당신은 아직 당신이 얼마나 고귀한 존재인지 알지 못합니다.
 당신이 처한 상황은 당신이 스스로 당신의 목숨을 내려놓을 만큼 처참할 것입니다.
 누구도 당신의 그 선택에 대해서 그것의 옳고 그름을 따질 수 없습니다.
 당신의 처지가 되어 보지 않고는 누구도 당신을 비난하거나, 당신의 선택에 대해서 비판할 수 없습니다.
 당신이 그 선택을 한다면, 그것은 최선일 것입니다. 하지만, 한번 생각해보면 좋겠습니다.
 당신이 지금 하려고 하는 일 말입니다.
 당신은 당신의 삶을 끝장내려고 합니다.
 당신이 당신의 삶을 끝장내는 순간 당신의 세계가 모두 사라지게 될 것입니다.
 당신을 괴롭혔던 모든 사람들과 상황들, 당신은 그것들을 모두 없애기 위해 지금 당신의 죽음으로 그것을 끝장내고 싶어합니다.
 또한 당신은 어딘가 있을지도 모르는 당신을 사랑하는 사람들, 그중에 혹시 당신의 죽음을 자신의 죽음으로까지 여길만한 당신의 어머니나 아버지, 당신의 자녀들, 그들마저 당신은 자신의 죽음으로 끝장낼 수 있습니다.

어찌 되었건 당신의 죽음으로 당신의 모든 세계와 그 세계에 있는 사람들은 다 끝나게 될것입니다.

당신이 하려고 하는 일을 비난하려는 것이 아닙니다.

당신이 하는 일이 얼마나 엄청난 일인가를 함께 이해하고자 합니다.

당신은 그 모든것들을 끝장낼만한 능력을 가진 사람입니다.

참 이상한 일입니다.

당신은 당신의 삶에 지쳐서 당신의 삶을 끝장내고 당신 세상을 끝장내고, 그 속의 모든 존재들을 끝장낼 수 있는 힘을 가졌습니다.

이것은 실로 엄청난 힘입니다.

당신은 당신의 삶속의 모든 존재들을 없애버릴 수 있는 가공할 힘을 가진 존재입니다.

그런데 당신은 그런 힘을 가졌다는 사실에 대해서 생각해본적이 있나요?

"나의 세계를 끝장낼 힘이 있는 존재"

당신의 힘은 실로 어마어마 합니다.

하지만, 만약 이것이 사실이라면, 당신은 그것을 증명하게 될 것입니다.

당신이 당신의 계획을 실행하게 된다면 말입니다.

그렇다면, 증명되었다고 생각해도 되지 않을까요?

당신이 당신의 생각을 실행한다면 바로 증명될것입니다.

그런데 이런 생각을 한번 해보면 어떨까요?

당신이 당신의 세계를 끝내고 그 안의 모든 존재를 끝낼 능력이 있다면, 그들을 살릴 능력도 있는 사람은 아닐까요?

당신은 선택권자 입니다.

이미 그 사실 하나만으로도 당신은 고귀한 존재입니다.

당신은 당신의 모든 세계를 파괴할 수도 있고, 그것을 살릴수도 있는 선택의 기로에 있습니다.

그러므로 당신은 선택권자 입니다.

하지만, 죽음에 정복되어 있는 사람은 그것을 선택할 수 없습니다.

하지만, 당신은 그것을 정지시켰습니다.

그리고 이 글을 읽고 있고, 당신은 이제 삶을 선택할 수도 있습니다.

만약 당신이 죽음이 아니라, 삶을 선택한다면, 당신이 선택권자 인 것을 증명 할것입니다.

하지만 당신이 죽음을 선택한다면, 그것은 죽음에 의해서 선택당한 것입니다.

왜냐하면, 선택권을 가지고 있는 사람은 누구도 죽음을 선택하지 않을 것이기 때문입니다.

당신이 무엇을 증명하든지 당신의 선택입니다.

하지만, 당신이 삶을 선택한다면, 당신의 삶은 다시 시작할 것입니다.

당신이 정지 버튼을 누르는 순간 당신은 그것이 선택의 버튼이라는 것을 알게될 것입니다.

당신의 삶을 또 선택하고 싶다면, 다음도 한번 들어보세요.

제발 가짜들 때문에 죽지 마세요.

당신은 지금 당신의 삶속에서 가장 큰 위기를 만났을 것입니다.

누구도 당신의 선택을 비난할 수 없습니다. 왜냐하면 당신의 삶이며, 당신의 세상이기 때문입니다. 하지만, 당신이 당신의 계획을 실행에 옮기기 전에 꼭 이 글을 들어 보세요.

당신을 지금에 이르게 한 수 많은 원인들이 있을 것입니다.

그것은 돈문제나, 사람의 문제, 혹은 당신의 정신의 문제일 수 있습니다. 하지만, 사실 원인은 한가지 입니다. 그것은 상실감입니다. 당신은 세상에서 모든 것을 잃은듯한 상실감과 그로 인한 무기력, 그리고, 존재감이 사라졌을 것입니다.

하지만, 가만히 생각해보세요.

지금 당신에게 일어난 문제는 사실은 모두 보이지 않는 문제입니다. 보이는 문제가 있다고 해도 그것 때문에 죽지 않는 사람들이 있기 때문에 당신만의 문제입니다.

당신에게 일어난 그 문제는 보이는 문제가 아니라 보이지 않는 감정의 문제입니다. 상실감 역시, 상실이 아니라, 상실이라고 느끼는 상실감에 대한 것입니다.

누구에게는 당신과 같은 상실이 자신을 죽일만한 상실감으로써 작용하지 않을 수 있다는 것입니다.

그렇다면, 당신을 죽음에 내몬 것은 당신의 느낌입니다.

그것은 보이지 않는 것입니다.

그 보이지 않는 것이 당신을 죽이려고 합니다.

당신이 미워하는 누군가를 당신이 만약에 죽이게 된다면, 그가 당신을 더 이상 괴롭히지 않게 될까요? 아닙니다. 그는 더욱더 당신을 괴롭힐 수 있습니다.

사실, 당신이 미워하는 그 사람이 당신을 괴롭힌 것이 아니라, 당신이 미워하는 그 마음이 당신을 괴롭혔기 때문에 당신이 설령 그를 죽인다고 해도 당신은 더욱더 괴로울 것입니다. 마찬가지로 당신이 당신을 죽인다고 해도 당신의 괴로움이 끝나지 않을 수도 있지 않을까요?

지금 당신은 당신의 감정에 속아 당신 스스로를 죽이고 있습니다. 하지만, 당신의 느낌을 의심해보세요. 그것은 진짜가 아닙니다. 당신을 옭아매고 당신을 죽음으로 인도하는 그 느낌은 진짜가 아닙니다.

하지만, 지금은 그것이 받아들여지지 않을 수도 있습니다.

그래서 당신에게 제안합니다.

그 느낌들이 당신을 죽음으로 인도하기 앞서 그것들이 진짜인지 쏙 확인해보세요.

그것들이 진짜라는 확신이 들때까지만 당신의 결단을 행동으로 옮기지 마세요.

그리고, 그것들을 깊이 관찰해보세요.

그러는 동안 그 가짜들이 당신의 삶속에서 벌판에 놓인 바퀴벌레처럼 놀라 구석을 찾아 달아날 것입니다.

꼭 그것들을 관찰해보세요.

당황하지 마세요.

당신은 당신의 삶에서 가장 중요한 선택의 기로에 놓여있습니다.
그것은 당신이 태어난 이후 가장 중요하고, 위협적인 순간일 것입니다.
그렇기에 꼭 깊이 생각해 보아야 합니다.
이것은 당신이 대학을 가거나, 취직을 하거나 하면서 했던 선택의 고민들과는 비교도 안될 만큼 큰 일입니다.
그래서 당신은 정지버튼을 눌렀고, 이 글을 읽고 있습니다.

당신에게 일어난 이 엄청난 일은 당신을 매우 당황하게 만들었을 겁니다. 당신은 지금 매우 당황스러운 상태에서 매우 중요한 결정을 내리게 된 것입니다.
그것은 당신의 선택이 잘못되었을 경우, 당신에게 후회할 여지마저 앗아가는 것입니다.
마치 수영을 못하는 사람이 무릎도 차지 않는 물에 빠져 허우적 대다가 죽는 것과 같습니다. 당신이 만약 그 사람을 본다면, 당신은 그를 비웃었을 것입니다.
하지만, 당황한다는 것은 충분히 그럴 수 있습니다.
왜냐하면, 당황하게 되면 자신이 처한 상황을 자신이 알지 못할 때가 많기 때문입니다.
하지만, 만약 그 사람에게 옆에서 누군가,손잡아주고, 일으켜 세우며,

그 물이 자신을 죽일 수 없을 만큼 낮다는 것을 알려준다면, 그는 자신이 얼마나 바보같았는지 머쓱해하며 일어서서 물 밖으로 나가게 될 것입니다.

지금 당신은 당황한 상태에 있습니다.

그리고 아무도 당신에게 손을 내밀어주지 않았을 지도 모릅니다.

하지만, 당신은 매우 현명한 사람입니다.

왜냐하면, 이 정지버튼을 눌렀기 때문입니다.

당신은 이제 그 정지버튼을 기둥삼아, 그것에 손을 잡고 일어나고 있습니다.

그리고, 그 죽음이 겨우 무릎밖에 오지 않는 물이라는 사실을 알아냈습니다.

이제 당신은 누구도 해내지 못한 일을 해낸 훌륭한 사람이 되었습니다.

이제 당신의 세상에서 당신은 영웅입니다.

죽음의 늪에서 스스로 걸어나온 당신, 당신을 존경합니다.

당신은 당신의 세상의 주인입니다.

그러므로 당신은 훌륭하고 고귀한 존재입니다.

당신을 사랑합니다.

④ 사람들의 비난 때문에 죽으려 한다면

당신은 지금 다른 사람들의 비난을 듣고 있군요. 그리고, 그것 때문에 당신은 당신의 삶을 그만두려 하고 있습니다.

하지만, 이 글을 꼭 들어보세요. 이미 당신은 죽으려는 마음을 가지고 있기 때문에 이 글 하나쯤 읽고 죽는다고 해도 그리 손해보는 일은 아닐 테니까요.

사람들은 자신이 다른 사람에 의해서 비난을 당하면, 매우 괴로워 합니다. 그리고, 심지어는 지금의 당신처럼 자신의 삶을 끝내려고 할 수도 있습니다.

하지만, 이것은 아주 이상한 일입니다.

왜냐하면, 당신의 존재가 다른사람의 인식에 의해서 결정되는 것이 이상하기 때문입니다.

당신이 어떤 존재인지 결정하는 사람이 왜 다른 사람이 되어야 할까요?

이것은 당신만이 겪는 문제가 아닙니다.

사실 모든 사람들이 당신과 같은 문제들 때문에 매우 괴로워 합니다.

단지 당신은 그들보다 좀더 심각한 상황에 있을 뿐입니다.

그래서 이 글은 당신의 생각이 잘못되었다는 이야기를 하는 것이 아니라, 모든 사람들은 이런 착각을 하고 있고, 그런 착각으로부터 벗어나야 한다는 말을 하고 있는 것입니다.

사람들은 자신의 모습을 제대로 알고 있지 못합니다. 자신이 어떤 존재인지에 대해 자신이 결정하지 못하고 다른사람이 결정하도록 내버려 둡니다.

쉽게 말해서, 다른 사람들이 좋은 사람이라고 하면, 기분이 좋아지고, 좋은 사람이라는 생각을 하게 되고 실제로 좋은 사람이 됩니다. 하지만, 다른 사람들이 나쁜 사람이라고 하면, 사람들은 기분이 나빠지고, 자신이 나쁜 사람이라고 받아들이지는 않을지 몰라도, 그 기분이 나쁜 것으로 인해 이미 나쁜 존재로 바뀌어갑니다.

아주 신기한 일이 일어나는 것입니다.

게다가 당신처럼, 만약 여러 사람으로부터 비난을 받거나, 오해를 받았다고 한다면, 더욱더 자신의 존재에 대해서 의심하게 됩니다.

그리고, 그것은 극도의 스트레스가 되어 지금의 당신처럼, 극단적인 결정을 하게 될 수도 있습니다.

이것은 마치 자신이 누군지도 모르는 사람들을 꼬드겨서 "니가 누구인지 내가 말해줄게"라며, 사악한 극장으로 초대하는 악마와 같습니다. 하지만, 이 악마역시 자신이 무슨일을 하는지도 모릅니다.

그리고, 그 극장으로 인도된 당신은 자신의 가장 추악한 면만을 보여주며, 죽어 마땅한 존재로써 인식되는 영화한편에 빠져서 그것을 진실이라고 믿게 될 수도 있습니다.

그리고 결단을 내릴 수도 있습니다. 지금 당신이 하려는 것처럼 돌이킬수 없는 결단을 말입니다.

하지만, 한번 생각해보세요.

당신을 사악한 극장으로 초대한, 그, 혹은 그들은 실제로 자신도 자신이 누군지 모르고 살아가는 불쌍한 존재들입니다.

그런데 어떻게 당신이 누구인지 당신보다 더 잘알 수 있을까요?

게다가 당신의 주변에는 당신을 비난하는 사람만 존재하는 것이 아닐 것입니다. 만약 당신을 사랑하는 사람들이 만들어놓은 선한 극장안으로 간다면, 당신은 당신의 훌륭함들을 보게 되고 행복하게 될 수도 있을 것입니다.

지금 당신은 그 사악한 극장으로부터 도망가야 합니다.

당장 그곳을 빠져나와 고요한 곳으로 가야 합니다.

그리고, 당신이 진정으로 어떤 존재인지에 대하여 생각해보기를 권합니다.

당신이 이 권유를 받아들이고 고요함 속에서 자신을 만나게 된다면, 당신은 다른 사람들은 경험하기 힘든 아주 소중한 경험과 함께 소중한 능력을 갖게 될것입니다.

그리고 그 소중한 능력으로 당신은 당신과 같은 처지에 있는 사람들에게 누구보다 진솔하고 진정성 있는 도움을 주는 사람이 될수도 있을 것입니다.

당신은 당신이 얼마나 고귀한 존재인지 알게 될 것입니다.

왜냐하면, 그 사악한 극장으로 초대되어 그곳을 빠져 나온 사람은 그리 흔치 않기 때문입니다.

당신이 정지버튼을 누르는 순간 당신은 이미 그곳으로부터 빠져나오는 탈출의 버튼을 누른 것과 같습니다.

당신을 응원합니다.

⑤ 경제적인 문제 때문에 죽으려 한다면

당신은 지금 경제적인 문제 때문에 매우 심각한 고민에 빠져있군요. 그리고, 그것 때문에 당신은 당신의 삶을 그만두려 하고 있습니다.

하지만, 이 글을 꼭 들어보세요. 이미 당신은 죽으려는 마음을 가지고 있기 때문에 이 글 하나쯤 읽고 죽는다고 해도 그리 손해보는 일은 아닐 테니까요.

세상을 살아가다 보면, 돈 이라는 것이 정말 중요해 보입니다. 그리고 그것이 증명되는 것을 우리는 흔히 보고 살아갑니다.

우리 모두는 돈이 매우 중요하다는 사실에 대해서 아무도 의심하지 않을 것입니다. 하지만, 돈이 우리에게 행복을 준다는 것은 반은 맞고 반은 틀린 것일 수도 있습니다.

그 이유는, 누군가는 돈이 없어도 행복하다고 하는 사람들이 있기 때문입니다.

법정스님은 무소유라는 책을 쓰고 최소한의 소유로 삶을 살아가면서도 많은 이들의 존경을 받으셨습니다. 그 분 뿐만 아니라, 많은 분들이 그와 같은 삶을 살아가시는 분들이 계십니다.

또 다른 이유는 돈이 있어 행복한 이유에 많은 사람들은 그 돈을 자신이 사랑하는 사람들을 위해 사용했을때라고 이야기 합니다.

그러니까, 자신을 위해 사용했을때보다 자신이 사랑하는 사람들을 위해 사용했을 때, 행복을 느꼈다는 이야기 입니다.

이 두 이야기는 우리의 굳은 믿음을 흔들리게 합니다.

당신이 지금 돈 때문에 죽으려고 한다면, 당신은 다시 생각해보아야 합니다.

돈은 당신의 행복의 수단에 불과합니다.

사실 당신은 돈 때문에 죽으려 하는 것이 아니라, 돈의 덫에 걸려서 죽으려고 하는 것입니다. 이것은 본질적으로 다릅니다. 돈의 문제가 아니라, 돈 때문에 생긴 인간관계의 문제, 돈 때문에 얽혀버린 수많은 문제들이 당신을 괴롭히고, 이 지경에 이르게 했을 것입니다.

당신은 당신의 소유에 의해 당신의 존재를 스스로 파괴하고자 하는 이상한 시도의 기로에 놓였습니다.

하지만, 당신은 정신을 똑바로 차려야 합니다.

당신은 다시 시작할 수 있습니다.

당신의 모든 얽혀버린 인간관계들에게 당신은 지금 죽을 마음으로 이야기 해야 합니다.

"나는 다시 시작해야 하고, 그래야 모든 것을 바로잡을 수 있습니다. 나에게 한번만 더 기회를 주십시오"라고 말입니다.

당신의 예상과 달리 그들은 당신에게 기회를 줄 것입니다.

왜냐하면, 그들은 당신을 죽이고 싶어하지 않기 때문입니다.

당신은 당신이 실수로 얽어맨 모든 매듭들을 손수 찾아서 하나씩 풀어야 합니다.

마음을 비우고, 처음으로 돌아가는 것입니다.

그러면 다시 시작할 수 있습니다.

당신이 새 사람으로써 다시 시작하는데, 필요한 것은 당신의 결정 밖에 없습니다.

다음 생에서 다시 시작하고 싶었을 지도 모릅니다.

하지만, 그것은 불가능 합니다.

당신의 무의식을 당신이 모르는 것처럼, 당신의 다음 생이 이번 생을 기억하지 못하면서도 다음 생을 이번 생처럼 오염시킬 무의식이 계속 쫓아다닐 수도 있기 때문입니다.

정신을 똑 바로 차리고 자신에게 집중하세요.

세상이 흔들리는 이유는 당신이 흔들리기 때문입니다.

이제 다시 시작하세요.

모든 것을 끝내고 싶어요.

    당신은 지금 수많은 문제들 때문에 매우 심각한 고민에 빠져있군요. 그리고, 그것 때문에 당신은 당신의 삶을 그만두려 하고 있습니다.
    하지만, 이 글을 꼭 들어보세요. 이미 당신은 죽으려는 마음을 가지고 있기 때문에 이 글 하나쯤 읽고 죽는다고 해도 그리 손해보는 일은 아닐 테니까요.

    당신에게 일어난 모든 일들은 지금 당신을 옥죄고, 도무지 어디서부터 다시 시작해야 할지 모르게 당신에게 "이제 모든 것을 끝낼 때가 되었어"라고 속삭이는 듯 들릴지도 모릅니다.
    하지만, 가만히 생각해보세요.
    과연 당신이 죽음으로써 모든 것을 끝낼 수 있을까요?
    사람들이 흔히 하는 착각이 바로 "나 하나만 죽으면 끝난다"라는 생각입니다.
    만약에 그것이 끝이라면 당신은 끝을 아는 사람입니다.
    그렇다면, 당신은 당신의 시작도 아시나요?
    당신이 어떻게 시작했는지?
    당신은 어디에서 왔는지 말입니다.
    이것을 알기 위해 석가모니는 출가를 했고, 수많은 사람들은 수행을 하기도 합니다.

당신은 고작 삶속에서 만난 많은 고난 들 속에서 이런 큰 깨달음을 얻은 것인가요?

당신의 선택을 비꼬는 것이 아닙니다.

어차피 당신은 죽음을 선택하였습니다.

지금 당신은 그것을 잠시 미루고 있습니다.

이 미루는 것도 당신이 선택하고 있군요.

당신은 더 미룰 수도 있겠군요.

그렇게 자꾸 미루다 보면, 당신은 늙어갈테고 언젠가는 죽음을 만나게 될 것입니다.

지금 당신이 선택하려던 그 죽음을 그때가 되면 선택하지 않아도 만나게 되겠네요.

그렇게 모든 것을 미루고 만나게 되는 죽음, 행복했는데 그것을 끝내야 되는 때의 기분은 과연 어떨까요?

그 순간에 당신에게 드는 생각은 "내가 죽으면 끝이야"라는 생각일까요? 아니면 "죽으면 어떻게 될까?"라는 걱정과 의문일까요?

당신이 스스로 죽음을 선택해야 하는 상황을 만났다는 것은 당신에게는 큰 행운입니다.

당신은 죽음을 선택하기 전에 죽음에 대해서 생각해보아야 합니다.

죽음으로 끝나는 것이 인생인가에 대해서 말입니다.

그리고 이것도 생각해보아야 합니다.

"만약 죽음으로써 삶이 끝나지 않는다면, 죽음 다음에는 무엇이 기다리고 있을까?"하는 것에 대해서도 말입니다.

그리고 더 나아가서 생각해보세요.

"그럼, 태어남은 무엇인가? 나는 어디로부터 왔을까?"

딱 한가지 분명한 것은 죽음만이 정해져 있다는 것입니다.

하지만, 어디서 왔는지, 어디로 가는지는 전혀 모릅니다.

당신은 정해진 것을 보고, 다른 것에는 의문이 없습니다.

당신은 당신의 삶을 끝내기 전에 이 의문들을 풀어보세요.

그러는 동안 당신은 죽음을 맞이하게 될 것입니다.

그리고, 그렇게 맞이하게 된 죽음이 지금 당신이 끝내려고 하는 그 삶의 종착점 보다 훨씬더 훌륭한 일이었다는 것을 깨닫게 될 것입니다.

꼭 당신의 결정을 수행하기 전에 이 숙제를 해결하세요.

성적 때문에 죽고싶어요.

　당신은 지금 성적 때문에 매우 심각한 고민에 빠져있군요. 그리고, 그것 때문에 당신은 당신의 삶을 그만두려 하고 있습니다.
　하지만, 이 글을 꼭 들어보세요. 이미 당신은 죽으려는 마음을 가지고 있기 때문에 이 글 하나쯤 읽고 죽는다고 해도 그리 손해보는 일은 아닐 테니까요.

　당신이 성적 때문에 죽고 싶다면, 당신은 아마 학생일것입니다.
　그리고, 학업에 대한 스트레스가 얼마나 많아서 이런 생각을 하게 되었을까 생각하면 안타깝기 이를데가 없습니다.
　하시만, 당신이 꼭 이 글을 듣고 당신의 삶에 잠고했으면 합니다.
　당신은 지금 당신의 삶을 살고 있었나요?
　아마도 당신은 당신의 삶을 살고 있었다기 보다는 당신의 부모님께, 혹은 주변 사람들에게 보여주는 삶을 살고 있었을 가능성이 높습니다.
　그렇기 때문에 당신은 당신이 지금 겪고 있는 일에 대해서 다른 사람의 눈치를 보고 있습니다. 당신의 삶은 누구의 것인가요? 부모님의 것인가요? 아니면, 친구들의 것인가요?
　당신은 당신의 삶에서 주인공입니다.
　아무도 당신의 삶을 대신해서 살아주지 못합니다.
　하지만, 사람들은 서로의 삶을 얽어매는 습성을 가지고 있습니다. 아마 당신의 부모님이나 친구들이 그럴 수 있습니다.

이제 당신은 매우 중요한 순간을 만나게 되었습니다.

당신은 당신의 삶을 끝내는 방법으로 목을 매달거나, 혹은 옥상에 올라서거나, 혹은 어디서 약을 구할 수도 있습니다.

그 순간을 한번 생각해 보세요. 얼마나 비장할까요?

아마도 당신은 그 순간 딱 한번 당신의 삶의 주인이 된 행위를 하게 된다고 생각할 수도 있을 것입니다.

죽음을 각오한 당신에게 두려울게 있을까요?

저는 당신이 그 비장함을 지금 사용하기를 추천합니다.

당신의 죽음 전에 한번만 더 사용하기를 추천합니다.

당신은 비장한 마음으로 글을 써보세요.

당신이 쓰는 마지막 글을 써보세요. 부모님께, 혹은 친구들에게 써보세요.

"나는 더 이상 내 삶의 주인으로써 삶을 살아갈 자신이 없습니다, 그래서 이 글을 씁니다. 만약, 이 글을 쓰고, 부모님(친구들)이 읽고서도 내 삶의 변화를 내가 느끼지 못한다면, 내가 선택할 수 있는 일은, 하나밖에 없습니다"라고 선전포고를 하는 것입니다.

이것은 협박입니다. 하지만, 당신에게는 마지막 지푸라기 입니다.

당신은 이렇게라도 해야 합니다.

이렇게라도 당신을 옥죄는 그 수렁으로부터 빠져 나와야합니다.

그렇지 않다면, 당신에게는 아무 기회도 없기 때문입니다.

당신이 만약 거기로부터 나오기만 한다면, 당신은 진정한 자유를 만나게 될것입니다.

8

주변의 기대가 나를 죽이려 해요.

당신은 지금 주변의 기대 때문에 매우 심각한 고민에 빠져있군요. 그리고, 그것 때문에 당신은 당신의 삶을 그만두려 하고 있습니다.

하지만, 이 글을 꼭 들어보세요. 이미 당신은 죽으려는 마음을 가지고 있기 때문에 이 글 하나쯤 읽고 죽는다고 해도 그리 손해보는 일은 아닐 테니까요.

당신은 당신 스스로가 알고 있는 자신과 주변에서 인식되고 있는 자신 사이의 모순에 빠져 있습니다. 그것이 극도로 당신을 괴롭히고, 급기야 당신은 스스로의 정체성에 큰 타격을 입게 되었습니다.

당신의 마음을 이해합니다.

얼마나 아프고 괴로운 일인지도 이해합니다.

하지만, 이것은 매우 이상한 일이기도 합니다. 당신은 누군가의 기대로 인해 살아가는 존재가 아니어야 합니다. 당신은 오롯이 당신 자신이어야 합니다.

당신은 그냥 그 모습 그대로 행복하게 살아가야 하며, 그러는 동안 당신의 모습이 만들어져 가도록 고귀하게 태어났습니다. 하지만, 사람들은 특히 당신을 사랑하는 사람들은 당신에게 많은 기대를 하고, 당신을 긴장시킵니다.

그래서 당신에게 그것으로부터 벗어나고자 하는 마음이 드는 것은 너무나 당연한 것입니다.

하지만, 이런식으로 벗어나는 것은 매우 바람직하지 않습니다. 왜냐하면, 그 때문에 누가 슬퍼하거나, 해서 하는 말이 아닙니다.

당신이 당신의 본분을 망각한채 누군가의 하수인처럼 살아가다가 생을 마감하는 것이 당연하다고 누군가 이야기 한다면, 당신에게는 아마 분노가 생겼을 것입니다.

하지만, 지금 당신의 모습이 딱 그 모습입니다.

당신은 누군가의 하수인이나 노예가 아닙니다.

당신은 당신이 구속되어 있기 때문에 탈출하고 싶은 것입니다.

하지만, 그 방법이 매우 잘못되었습니다.

당신은 당연히 탈출해야 합니다.

그러기 위해서 당신은 당신을 가둔 사람들에 대해서 알아야 합니다. 그들은 당신을 가둔적이 없다고 이야기 할 것입니다.

그들은, 이 모든 구속이 당신이 잘되라고 한것이라고 말할 것입니다.

그 말은 그들이 당신에 대해서 오해한 것처럼, 당신도 오해하고 있다는 것입니다. 당신은 그 오해를 풀어야 합니다.

그리고, 그 오해를 풀고, 자유로워져야 합니다.

당신은 비장한 각오로 그들에게 말하거나, 글로써 대화해야 합니다.

그러고도 그 문제가 해결되지 않는다면, 당신은 그들을 떠나야 합니다.

그리고, 독립해야 합니다.

당신이 죽음을 각오한 그때의 비장함으로 이제 당신의 자유를 위해 그것을 사용해야 합니다.

그것이 당신의 감옥의 문을 여는 열쇠입니다.

오해 때문에 죽고 싶어요.

당신은 지금 오해 때문에 매우 심각한 고민에 빠져있고, 그것 때문에 당신은 당신의 삶을 그만두려 하고 있습니다.

하지만, 이 글을 꼭 들어보세요. 이미 당신은 죽으려는 마음을 가지고 있기 때문에 이 글 하나쯤 읽고 죽는다고 해도 그리 손해보는 일은 아닐 테니까요

당신은 주변 사람이나, 대중들의 오해로 인해 엄청난 스트레스를 받고 있습니다. 당신이 한 일도 아니고 당신의 의도가 아닌 것을 그들이 그렇게 생각하고 있으니, 얼마나 울화통이 치밀겠습니까? 당신의 마음을 이해합니다. 하지만, 가만히 생각해보면 참 이상한 일입니다.

왜냐하면, 당신에 대해서 그들이 잘못 생각하고 있다고 해서 당신이 죽어야 될 이유가 있나요? 굳이 잘잘못을 따지자면, 당신을 잘 못 이해하고 있는 사람들의 잘못일텐데, 잘못도 없는 당신이 왜 죽어야 할까요?

사람의 마음은 참 이상합니다. 다른 사람들의 생각 때문에 자신의 생각이 큰 위협을 받거나 오염되기 너무 쉽습니다.

그래서 자신에게서 일어난 생각만을 생각이라고 규정하고, 나머지 것들을 망상이라고 이름 붙여봅니다.

그러니까, 당신을 오해하고 있다고 생각하는 당신의 생각은 오롯이 당신 스스로에게 나온 것이 아니기 때문에 그것은 망상입니다.

망상을 제어하지 못하면, 스물스물 올라와 마치 자신의 생각인 것처럼, 당신을 점령하고 당신을 파괴시켜 나갑니다.

그리고, 마치 그것이 정의인 것처럼, 진리인 것처럼, 여겨집니다.

하지만, 이것은 암덩어리와 같습니다. 암도 당신에게서 일어난 세포입니다. 하지만, 다른 모든 세포들이 자신들의 역할에 충실하며 당신을 위해 일할 때, 암 세포는 주변을 파괴하며 자신의 세력을 불려가다가 결국에 당신을 죽이게 되고, 스스로도 살지 못하게 됩니다. 참 바보 같은 세포지요. 당신의 망상도 이와 같습니다. 마치 당신의 생각인 것처럼, 당신을 찾아와 당신에게 자리잡고, 당신을 파괴시킵니다.

이런 생각들이 망상이라는 것은 당신이 간단하게 증명할 수 있습니다.

당신을 오해하고 있는 그와 만나서 진솔하게 이야기 해보세요.

당신은 이미 죽기로 각오한 사람인데, 그리고 당신의 생명이 달린 문제인데 그정도는 해보아야 되지 않을까요? 만약 당신이 그들을 만나 그들 중에 한명 만이라도 만나 진솔하게 이야기 한다면, 그들은 당신을 오해한 것을 알게 될것이고, 당신 스스로도 당신이 생각한 것만큼 그들이 당신에 대해서 뭔가 큰 오해를 하고 있지 않다는 것을 발견할 수도 있습니다.

그러니까 그들의 오해와 함께 당신도 오해가 있을 수 있다는 것입니다.

사실 모든 사람들은 망상에 사로잡혀 세상을 살아갑니다.

다행히도, 당신은 정지버튼을 눌렀고, 그 정지버튼은 당신의 망상을 멈추게 할 것입니다. 앞으로도 많은 망상들이 당신을 괴롭히고, 또 죽음으로 인도할 수도 있습니다. 하지만, 그때마다 잊지말고 이 정지버튼을 눌러보세요.

당신을 죽음에 늪에서 건져낼 수 있는 사람은 오직 당신 자신뿐입니다.

명예가 실추되어 죽고싶어요.

당신은 지금까지 쌓아온 당신의 명예가 실추되어 매우 심각한 고민에 빠져있군요. 그리고 그것 때문에 당신은 당신의 삶을 그만두려 하고 있습니다.

하지만 이 글을 꼭 들어보세요. 이미 당신은 죽으려는 마음을 가지고 있기 때문에 이 글 하나쯤 읽고 죽는다고 해도 그리 손해보는 일은 아닐 테니까요

지금까지 당신은 이 명예를 쌓아왔을 것입니다.
그리고 그것을 당신의 사명이라고 생각했을 지도 모릅니다.
그러니, 지금의 일은 당신에게 얼마나 충격적인 일이겠습니까?
당신의 마음을 이해합니다.
하지만, 가만히 생각해보아야 할 것이 있습니다.
그것은 당신의 존재 자체에 대한 것입니다.
만약 당신이 세상에서 하나밖에 없는 멋진 차를 타고 당신의 친구 앞에 나타난다면 그는 감탄사를 연발할 수 있을 것입니다.
그리고 당신은 뿌듯하겠지요. 하지만 만약 누군가 그에게 무엇에 그렇게 감탄했냐고 묻는다면 그는 분명히 당신의 차를 보고 감탄했다고 할것입니다. 하지만, 당신은 그 감탄을 들으면서 자신을 보고 감탄한 것으로 착각할 것입니다. 그렇다면 차는 무엇이고 당신은 무엇일까요?

네, 맞습니다. 차는 당신의 소유이고, 당신은 존재입니다.

이렇게 소유에 해당되는 것들에는 어떤 것들이 있을까요?

당신이 가지고 있던 모든 재산, 당신의 가족, 뿐만아니라 당신 자신의 몸도 소유에 불과합니다. 그렇다면, 당신이 지금 잃게된 명예는 어떤가요? 그것도 역시 소유입니다. 소유는 언제든 잃게 됩니다.

그렇기 때문에 소유는 시기가 달라서 그렇지 늘 당신에게 상실감을 안겨줄 것입니다. 그것이 우리의 삶의 한 단면입니다.

당신이 지금 잃고 당신의 존재마저 저버릴 정도의 상실감을 준 것은 소유중에 아주 작은 부분입니다. 참 이상한 일입니다.

아주 작은 것을 잃은 부자가, 그 상실감 때문에 전재산을 버리겠다는 것, 그것이 지금 당신이 하려고 하는 일입니다.

당신의 절망감을 이해하지 못하는 것이 아닙니다.

하지만, 그 절망감을 똑바로 쳐다보아야 합니다.

그것은 그냥 감정일 뿐입니다.

절망적인 느낌, 그것이 절망감입니다.

그것은 그저 망상일 뿐입니다.

그 망상 때문에 존재 자체를 포기하려고 하는 당신의 그 행위를 당신은 정지시켰습니다. 이것은 위대한 일입니다.

이제 이 정지버튼은 당신에게 새로운 삶을 선물할 것입니다.

당신은 새로운 삶으로 나아가십시오.

그 작은 명예따위가 당신을 점령하지 않게 하세요.

당신은 그렇게 나약한 존재가 아닙니다.

모든 것이 엉망인
저주받은 삶을 끝내고 싶어요.

당신은 지금 당신의 삶에 대해 매우 심각한 고민에 빠져있군요. 그리고, 그것 때문에 당신은 당신의 삶을 그만두려 하고 있습니다.

하지만, 이 글을 꼭 들어보세요. 이미 당신은 죽으려는 마음을 가지고 있기 때문에 이 글 하나쯤 읽고 죽는다고 해도 그리 손해보는 일은 아닐 테니까요

당신은 주변의 어떤 사람보다 당신의 삶이 저주받았다고 생각하고 있습니다.

하는 일 마다 뜻대로 안되고, 모든 것이 엉망진창이라고 느낄 수 있습니다.

혹은, 가난한 집에서 태어나고, 사랑받지 못하고, 만나는 사람마다 당신을 행복하게 해주지 못했을 지도 모릅니다.

많이 배우지 못한 것 때문에 주변에서 무시당하고, 그 때문에 좋지않은 직장에서 변변치 않은 돈벌이를 해가며 살아가야 되는지도 모릅니다.

그래서 주변을 돌아보니, 참 한심하고, 자신의 삶이 저주받은 것처럼 보일 수도 있습니다.

작은 방구석에 너저분한 살림살이를 보다가 울컥 화가 치밀었을지도 모릅니다.

티비를 틀면, 휘황찬란한 집에서 떵떵거리며 사는 사람들을 보면, 그냥 슬퍼질지도 모릅니다. 그리고, 당신의 삶을 개선시킬수 있는 어떤 방법도 없다는 것에 절망할 수도 있습니다. 이제 당신은 그런 보잘 것 없는 당신의 삶을 끝내고 싶을 수도 있습니다.

하지만, 이런 생각을 한번 해보세요.

누군가는 자신의 모든 재산을 버리고, 수행자의 길을 걷는 사람이 있습니다.

그는 왜 그런 삶을 선택했을까요?

그는 아마도 물질적 삶이 전부가 아니라는 것을 깨달았기 때문이 아닐까요?

지금의 당신의 삶이 아무리 척박해도 아프리카에서 시궁창물을 마실 수 밖에 없는 그들의 삶에 비하면, 부자의 삶일 수 있습니다.

그렇기 때문에 그들을 보고 힘을 내라는 이야기가 아닙니다.

삶은 누구와 비교하기 시작하면, 끝도 없이 불행해집니다.

이것이 물질세계를 살아가는 사람들이 겪게 되는 모순입니다.

세상을 다 차지해도, 그 갈증은 멈추지 못할 것입니다.

당신에게는 행운이 있습니다.

그것은 당신이 물질적 삶에 매몰되지 않고, 고귀한 삶으로 갈 수 있는 엄청난 기회가 있기 때문입니다.

당신은 더 버릴 재산도 없고, 잃을 것이 없습니다.

지금 그 상태로 당신은 아무런 결정도 할 필요 없이 당신의 삶을 고귀하게 만들 수 있습니다. 당신은 절망적인 당신의 삶의 모든 것들이 당신 자신의 선택이 아니고, 주변에 의해서 그렇게 되어 왔다는 것을 발견하게 될것입니다. 그리고, 그것이 아주 이상한 일이라는 사실도 알게 됩니다.

왜냐하면, 당신의 삶이 당신의 역할이 없이 흘러오다 이제 한번 하는 주인된 역할이 스스로를 죽이는 역할이라면, 이것은 이상해도 뭔가 단단히 이상한 일이지요.

당신은 이제 당신이 주인이 되는 삶을 시작해보세요.

당신이 무엇을 하더라도 그것을 할 수만 있다면, 당신이 굶어주는 일은 없을 것입니다.

그렇다면, 거기서부터 시작입니다.

당신이 사막에서 길을 잃고 헤메고 있고 먹을 것은 다 떨어진 절망적인 상황에서 샘을 발견하게 된다면, 이처럼 희망적인 일이 있을까요?

당신에게는 늘 이 기본이 주어져 있습니다.

그 희망으로부터 시작합니다. 그 기본으로부터 시작합니다.

이제 정지버튼은 당신의 부정을 정지시키고, 당신의 삶을 지금부터 작동시킵니다.

지금까지의 삶은 당신이 주인이 된 삶이 아니었으므로, 그것을 버리고 당신이 주인된 삶을 작동시킵니다.

그리고, 그 삶은 지금까지의 삶이 아니라, 고귀한 삶이며, 물질적 삶이 아니라, 정신적 삶이며, 당신은 스스로 검소하고, 고귀한 삶을 선택해도 좋습니다. 그리고, 물질들의 정복으로부터 벗어난 삶을 지속해도 좋습니다.

어떤 삶을 살든지 당신의 삶의 주인이 당신이면 그것으로 당신은 성공한 삶을 살아가는 사람이라는 것을 잊지 마세요.

늙고 병들어서
이제 그만 죽고 싶어요.

당신은 지금 나이가 많이 들고 병들고 그것 때문에 매우 심각한 고민에 빠져있군요. 그리고, 그것 때문에 당신은 당신의 삶을 그만두려 하고 있습니다. 하지만, 이 글을 꼭 들어보세요. 이미 당신은 죽으려는 마음을 가지고 있기 때문에 이 글 하나쯤 읽고 죽는다고 해도 그리 손해보는 일은 아닐테니까요

삶을 살아가면서 확실한 것 한가지가 있다면 그것이 무엇일까요?
확실한 것 한가지는 죽는다는 것입니다.
그렇다면, 죽으면 어떻게 될까요? 그것을 아는 사람들은 없습니다.
우리는 어디서 왔는지도 모르고 어디로 가는지도 모릅니다. 하지만, 확실한 것은 죽는다는 것입니다.
모든 사람들이 죽음을 두려워하는 이유는 죽어서 어떻게 되는지 모르기 때문입니다. 하지만 당신처럼, 죽기를 선택하는 사람들은 이야기 합니다.
어차피 죽을거고, 죽어도 지금보다 더 나쁘지는 않을 것 같다고 말입니다.
둘다 맞는 말입니다.
어차피 삶은 태어남과 동시에 늙어가고 병들고, 죽는 것을 극복할 수

없습니다. 하지만, 우리가 과연 죽음으로 모든 것이 끝난다면 당신이 지금 하는 생각처럼, 죽음이야 말로 최선일 수 있습니다.

하지만, 왜 우리에게는 죽음으로 모든 것이 끝나지 않을거라는 두려움이 있을까요? 그 두려움은 그냥 근거 없는 두려움 그 자체일까요?

만약 둘 중에 하나라면, 둘다 가능성이 있군요.

그리고, 당신의 생각과 달리 죽음으로 모든 것이 끝나지 않는다면, 삶은 어떤 의미일까요? 그것은 죽음후와 연결되어 있을 것입니다.

지금의 삶의 성적표로써 다음의 삶에 영향을 받을 수도 있다는 뜻입니다.

그렇다면, 당신이 선택하는 죽음은 당신 삶속에서 받을 성적에 긍정적일까요? 부정적일까요? 아마도 부정적일 것입니다.

그렇게 보면 당신이 지금 죽음을 선택하는 것 보다, 삶을 아름답게 마무리 하기 위해서 애쓰는 것이 당신에게 보다 현명해 보이는 것은 자명합니다.

그렇다면, 몸이 늙어버린 당신이 선택할 수 있는 좋은 현명한 삶은 어떤 것일까요? 그것은 이미 당신이 알고 있을 것입니다.

지금까지의 완고함을 버리고, 당신이 저질렀던 실수들을 만회하고, 당신으로 인해 상처받았던 모든 사람들의 상처를 치유하고, 당신에게 상처 주었던 모든 사람들을 용서하고, 남겨질 사람들에게 후회없는 사랑을 베푸는 것, 그런것은 어떨까요?

우리는 무엇이 정답인지는 모릅니다. 죽어서 어떻게 될지 모른다는 뜻입니다. 하지만, 우리가 할수 있는 최선의 선택이 무엇인지는 압니다.

모르는 것 때문에 헤매는 것 보다는 아는것이라도 할수 있는 것을 하다보면, 우리의 삶은 보다 현명한 선택을 할 수 있을 것입니다.

당신이 정지버튼을 누르는 순간 당신은 바로 그것을 시작하게 된 것입니다. 당신의 현명한 선택을 응원합니다.

큰 좌절 때문에
죽고 싶어요.

  당신은 지금 큰 좌절을 겪고 그것 때문에 매우 심각한 고민에 빠져있군요. 그리고 그것 때문에 당신은 당신의 삶을 그만두려 하고 있습니다.
  하지만, 이 글을 꼭 들어보세요. 이미 당신은 죽으려는 마음을 가지고 있기 때문에 이 글 하나쯤 읽고 죽는다고 해도 그리 손해보는 일은 아닐 테니까요

  당신이 당한 큰 좌절은 아마도 당신이 어떤 사업을 시도했다가 그것이 뜻대로 되지 않았거나, 당신이 준비했던 어떤 일들이 당신의 기대와 달리 번번히 실패하면서 당신은 큰 좌질을 겪고 그것으로 인해 당신 스스로에 대한 자존감이 극도로 떨어지고 당신은 급기야 스스로 죽음의 길을 선택해야 하는 상황에 처해 있을 것입니다.
  많은 사람들이 그렇게 생을 마감하기 때문에 당신의 그런 선택도 당신이 생각하기에는 나름 그럴듯해보일지도 모릅니다.
  하지만, 그런 좌절에도 그것을 견디고 있는 사람들을 보면 또한 당신의 선택만이 정답이라고 할 수도 없겠네요.
  그렇지만, 당신이 정지버튼을 눌렀다는 것은 당신은 사실 스스로 죽는 방법외에 다른 방법은 없는지 찾는 것이기 때문에 그 방법을 찾을 수도 있을 것입니다.

좌절은 그 크기에 따라서 죽음이 정해질까요?

그렇지는 않을 것입니다. 왜냐하면, 좌절의 크기에 따라서 정해진다면, 그것은 말이 안된다는 것을 당신은 알고 있습니다.

그렇다면, 좌절의 크기가 아니라, 좌절감의 크기에 따라 정해지는 것은 아닐까요?

만약 그렇다면, 좌절감은 좌절의 크기와 관계없이 그것을 느끼는 사람에 따라 다르기 때문에 당신이 죽음을 선택한 것은 결국 당신이 느끼는 좌절감이 당신이 그것을 극복하기 어렵다는 이야기가 되는군요.

그렇다면, 왜 당신은 그 좌절감을 견디기 힘든 것일까요?

좌절감은 감정입니다.

감정은 그것을 소화하는 능력에 따라 소화가 되기도 하고 탈이 나기도 합니다.

소화하는 능력은 언제 그것을 겪었느냐에 따라 달라지기도 합니다.

결국 당신의 마음의 크기에 따라 그것을 소화하는 능력이 달라질 수 있다는 이야기 입니다.

그러니까, 좌절을 견디고 일어나기 위해서 당신은 당신의 마음을 살펴야 합니다.

당신에게 온 그 좌절이 당신을 죽이는 것이 아니라 더군다나 당신에게 좌절을 안겨준 사람이나, 세상이나, 상황이 당신을 죽이는 것이 아니라 당신 스스로가 당신을 죽음에 이르게 한다는 것, 더 정확하게 말하면 당신의 작은 마음이 당신의 좌절을 소화해내지 못하고 당신을 죽음에 이르게 한것입니다.

하지만, 당신은 이 정지버튼을 누르고 잠깐 당신의 좌절을 정면으로 바라보았습니다. 그리고 당신의 감정을 살펴보았습니다.

이것으로 당신의 마음은 조금 편해졌을 것입니다. 조금 소화가 되기 시작한 것입니다.

이것이 시작입니다.

당신은 이제 당신이 감정에 내몰려 스스로 죽음을 선택하고마는 불쌍한 사람이 아니라는 사실을 깨닫기 시작했습니다.

그것을 확장시켜 보세요.

그것들이 조금씩 확장되는 동안 당신은 당신의 좌절감을 극복할 수 있게 됩니다.

당신이 좌절감을 극복하기만 한다면, 당신의 좌절은 별로 중요한 것이 아닙니다.

기억하세요. 당신은 좌절과 싸우는 것이 아니라, 좌절감과 싸우는 것입니다. 당신의 싸움을 응원합니다.

큰 병에 걸렸어요.
이 고통을 끝내고 싶어요.

당신은 지금 큰 병에 걸려 매우 심각한 고민에 빠져있군요. 그리고, 그것 때문에 당신은 당신의 삶을 그만두려 하고 있습니다.

하지만, 이 글을 꼭 들어보세요. 이미 당신은 죽으려는 마음을 가지고 있기 때문에 이 글 하나쯤 읽고 죽는다고 해도 그리 손해보는 일은 아닐 테니까요

당신에게는 이런 생각이 들었을지도 모릅니다.

'어차피 죽을 목숨, 병원비 들여가며 주변 사람 고생시키지 말고 그냥 빨리 죽자'라고 말입니다. 한편 맞는 말일 수도 있습니다.

당신은 스스로 그것을 현명한 생각이라고 생각할 수도 있습니다.

당신이 떠나고 나서 남을 가족들에게 조금의 재산이라도 남겨두기 위한 당신의 숭고한 결정일 수도 있습니다.

하지만, 당신은 그것이 옳은 선택인지 자신하지는 못합니다.

왜냐하면, 당신이 정지버튼을 눌렀기 때문입니다. 당신의 선택에 대한 확고한 신념이 있었다면 당신은 이 정지버튼을 누르지 않았을 것입니다.

그렇다면, 남은 당신의 삶을 어떻게 보내는 것이 좋을까요?

사실, 어차피 죽을 목숨은 누구나 마찬가지 입니다. 모든 사람들은 어차피 죽을 목숨입니다. 다만 그것이 정해져 있지 않기 때문에 많은 사람

들은 죽지 않을 것 처럼 기고만장한 삶을 살아갑니다.

우리가 모두 죽는 것이 정해져 있지만 지금 이순간 만큼은 살아있습니다.

우리가 살수 있는 순간은 지금 이순간 밖에는 없습니다. 일초 후조차 살아갈 수 없습니다. 오직 지금 이순간을 살아가는 것입니다.

그리고, 그 순간 만큼은 자신이 자신의 주인으로 살아가는 유일한 순간이 될수도 있습니다. 하지만, 지금 이순간 깨어있지 못하면, 우리는 영원히 살아있지 못할 수도 있습니다. 어떤 때는 당신처럼 죽음에 대한 두려움으로 지금 이순간 죽어있는 삶을 살아갈 수도 있고, 어떤 때는 다른 누구처럼, 미래에 대한 허황된 희망으로 지금 이순간을 짓밟을 수도 있습니다.

당신의 삶은 정해져 있습니다. 누구보다 명확하게 정해져 있습니다.

남은 생이 얼마 남지 않았을지도 모릅니다. 혹은 고통이 클 수도 있습니다. 모든 인간은 삶 자체에 대한 의문을 가지고 살아갑니다.

어린아이가 말을 하기 시작하면, 공통으로 묻는 것은 "엄마, 나는 어떻게 생겨났어?"입니다. 엄마들은 아이들이 자신의 육체에 대해서 묻는 것이라고 생각하고 그 답을 주는 것에 민망함을 느낍니다. 하지만, 아이들이 묻는 것은 그것이 아닌지도 모릅니다. 그것은 존재 자체에 대한 질문일수 있습니다. 우리는 태어나면서부터 존재 자체에 대한 질문을 가지고 있습니다. 우리는 어디서와서 어디로 가는 것이며, 죽음으로 나의 삶은 끝날 것인가? 하는 질문은 인류가 가지고 있는 가장 큰 의문입니다. 하지만, 여기에 아무도 명확한 답을 내놓지는 못합니다. 그것은 지적으로 답을 찾을 수 없다는 뜻이 될수도 있습니다. 남은 삶을 존재에 집중해보세요.

그리고, 어떤 삶이 가장 현명한 삶인지 그리고 가장 현명한 죽음인지 생각하는 숭고한 시간을 가질 수 있는 사람은 그리 흔치 않습니다.

하지만, 당신은 그럴 충분한 이유와 시간이 있습니다.

당신의 판단이 당신을 치료하고 생명을 연장하는것에 있어야 한다고 강요할 필요도 없습니다. 그렇다고 당신이 스스로 죽음을 택하는 것이 옳다는 것은 더더욱 아닙니다.

우리에게 정해진 시간, 그리고, 당신이 제어할 수 있는 지금 이순간을 값지게 만들어가보라는 뜻입니다.

당신이 정지버튼을 누르는 순간 당신은 그 일에 대한 사명을 일깨우기 시작했는지도 모릅니다. 당신의 새로운 도전을 응원합니다.

우울해서 죽고 싶어요.

당신은 지금 당신의 우울 때문에 매우 심각한 고민에 빠져있군요. 그리고, 그것 때문에 당신은 당신의 삶을 그만두려 하고 있습니다.

하지만, 이 글을 꼭 들어보세요. 이미 당신은 죽으려는 마음을 가지고 있기 때문에 이 글 하나쯤 읽고 죽는다고 해도 그리 손해보는 일은 아닐 테니까요

당신의 우울은 어디서 왔을까요?

우울은 슬픔입니다. 깊은 우울은 자신의 정신을 훼손하고, 몸 또한 망가뜨립니다.

삶의 의미를 찾을 수 없고, 한없이 나약한 자신에 대한 자괴감이 들고, 그것을 끝내고 싶은 생각이 당신에게 밀려왔을 것입니다. 하지만, 당신에게 찾아온 이 우울의 실체를 마주해보아야 합니다. 왜냐하면, 당신을 죽음으로 유혹하는 것이 우울이라면, 왜 그것이 찾아왔는지는 알아봐야 되기 때문입니다. 이것은 마치 당신에게 해코지를 하려는 사람이 있다면, 그가 도대체 왜 당신을 괴롭히려 하는지 궁금한 것은 당연한 일인것과 같습니다.

당신이 만나게 된 우울도 마찬가지 입니다. 그것 역시 당신의 안에 있지만, 당신과는 다릅니다. 그것을 하나의 객체로 여겨야 합니다.

우울은 깊은 슬픔입니다. 이것은 당신이 과거에 겪었던 어떤 절망이나

슬픔, 좌절 등을 뿌리로 해서 조금씩 일어나 당신을 잠식해왔을 것입니다.

그리고, 그것은 점점 커져서 당신의 육체까지 병들게 하고 있고 급기야 당신을 스스로 죽게 하려고 합니다.

그것은 그냥 당신 안에서 생겨난 것 같지만, 그냥 생겨난 것은 아니라는 말입니다. 그리고 누구에게나 생기는 것도 아닙니다. 하지만, 누구에게나 생길 수는 있습니다.

우울의 뿌리는 몸을 가진 인간이 가진 한계에서 시작합니다. 그것은 바로 죽음입니다. 우리는 죽음앞에 자유로운 자가 한 명도 없습니다. 언젠가는 죽을 것이라는 무의식이 우리에게 자리잡고 있습니다. 그렇기 때문에 사람들은 절망적인 순간을 맞이하게 되면, 죽음을 떠올리게 되고, 그것을 뿌리로 하여 스스로를 무너뜨리는 일을 벌이게 됩니다. 즉 '이러다 죽겠네'라는 생각이 죽음을 맛보게 한다는 말입니다. 그 절망에 당신의 정신은 어차피 몸의 죽음이 정해져 있기 때문에 그 두려움에 휩싸여, 지금 나의 절망을 죽음과 연결시키게 되고, 당신은 그 순간 의식적인 죽음을 맛보게되며, 그것으로 인해 우울은 더욱 심화됩니다. 슬픔도 마찬가지 입니다. 사랑하는 사람의 죽음이나, 혹은 이별 등을 통해 당신은 당신의 존재의 훼손을 느낍니다. 그것 역시 죽음을 맛보게 되는 것입니다.

사람들은 매 순간 죽음을 맛보게 되는데, 그것이 심해지면, 지금 이순간 죽음을 선택하게 됩니다. 당신에게 일어나고 있는 그 우울의 뿌리가 죽음이라고 생각하게 된다면, 당신은 그 뿌리에 접근해 보아야 합니다. 다시 말해서 죽음이 무엇인지, 그리고 그것이 진정으로 당신을 끝장낼 수 있는 것인지 생각해보고, 그것을 정면으로 돌파해 보아야 합니다.

당신이 정말 당신이 믿는 것처럼, 육체적 존재라면 당신은 지금처럼 피폐해져서는 안됩니다. 당신의 육체는 멀쩡하지 않습니까? 하지만, 당신이 지금 힘들어 하는 것은 당신은 정신적 존재라는 것입니다. 그리고, 그 정신에 우울이 깃들면서 당신의 몸 역시 힘들어져 갈 것이고, 급기야 스스로를 죽음에 내모는 지경에 이르게 됩니다.

즉, 당신은 정신적 존재이면서, 그것이 망가지면 몸도 사라지게 된다는 것입니다.

그렇다면 몸이 사라지면, 당신의 정신도 사라지게 될까요?

그것은 사실 아무도 모릅니다. 당신은 그렇게 믿고 싶을 지도 모릅니다. 하지만 만약 그렇지 않다면 어떨까요?

몸이 사라지면 정신도 사라진다면 지금 당신은 모든 것을 끝낼 수 있겠지만, 그게 아니라면 당신은 큰 낭패를 겪게 될 수도 있습니다.

신체가 절단된 사람들에게 찾아오는 아주 이상한 현상중에 하나는 절단된 손가락의 고통을 느낀다는 것입니다. 이미 없어진 손가락의 고통을 어떻게 느끼게 될까요?

당신이 믿고 싶어하는 그 사실이 맞다면, 이 같은 일은 설명되지 않을 것입니다.

당신의 몸이 망가지고, 죽음으로 향하게 만든 것이 당신의 정신이라면, 당신이 정신을 똑바로 차리고, 당신의 우울을 해결하면, 당신에게는 새로운 삶이 시작될것입니다.

그리고, 그 시작은 이미 당신이 훌륭히 해내셨습니다.

그것은 당신이 이 정지버튼을 눌렀기 때문입니다.

당신은 이 정지버튼을 시작으로 정신을 바로 세우게 됩니다.

이곳에 있는 컨텐츠 들을 하나씩 들어보고, 공부하며, 진정한 당신에 대해서 공부해보세요. 당신은 당신 자신을 아직 모릅니다. 당신이 얼마나 훌륭하고 고귀한 존재인지를 깨닫지 못합니다.

　당신이 그것을 깨닫는 다면 당신의 삶은 지금까지의 그것과는 완전히 다르게 될 것입니다.

　당신에게 추천하는 것은 감사버튼을 눌러보는 것입니다.

　그것을 시작해보세요. 당신에게 새로운 세상을 선물할 것입니다.

죄책감 때문에 죽고 싶어요.

당신은 지금 당신이 과거에 저지른 실수 때문에 매우 심각한 고민에 빠져있군요. 그리고, 그것 때문에 당신은 당신의 삶을 그만두려 하고 있습니다.

하지만, 이 글을 꼭 들어보세요. 이미 당신은 죽으려는 마음을 가지고 있기 때문에 이 글 하나쯤 읽고 죽는다고 해도 그리 손해보는 일은 아닐 테니까요

당신은 아마도 과거에 큰 실수를 저질렀을 것입니다. 그리고, 그것으로 인해 누군가에게 큰 상처를 입혔고, 그것은 다시 당신에게 상처로 남아 지금까지 당신을 괴롭히고 있으며, 지금 당신 스스로를 죽음으로 내모는 지경에 이르렀습니다.

결국 당신이 저지른 일이 당신에게 가장 큰 일이 되었습니다.

이것은 조금 이상한 일입니다.

당신은 분명히 당신의 주변 사람, 누군가에게, 그러니까, 당신이 속한 세상에 상처를 입혔다고 생각했는데, 결국 당신 스스로에게 상처를 내게 된 꼴이 되었기 때문입니다.

이것이 세상의 원리입니다.

사람들이 착각하는 가장 큰 것은 자신이 이 세상을 살아간다고 생각하지만, 사실은 자신이 살아가는 세상이 곧 자신이라는 사실입니다. 당신은

지금 그것을 증명하고 있습니다.

당신에게 상처를 입은 누군가는 이 세상에 아직 있을 수도 있고, 혹은 없을 수도 있습니다.

만약 그가 이 세상에 없다면, 당신은 그 때문에 더 이상 죄책감에 시달려서는 안되는데, 세상에 없는 사람 때문에 죄책감이 생깁니다. 참 이상한 일이지요.

이것은 바로 당신의 세상은 물질의 세상이 아니라는 것을 증명합니다.

당신이 상처를 입혔던 그는 세상에 없으면서도 당신을 괴롭힐 수 있습니다.

이것은 당신이 살아가는 세상이 곧 당신이며, 그 세상은 물질의 세상이 아니라 정신의 세상이라는 것을 또한 증명하게 됩니다.

그러므로 당신이 스스로 세상을 등진다고 해도 그 괴로움과 죄책감이 사라지지 않을 수도 있습니다. 그것들은 계속해서 당신을 괴롭힐 수도 있습니다. 당신이 끝낼 수 있는 것은 그냥 물질들을 없앨 수 있을 뿐이지, 정신마저 없앨 수는 없기 때문입니다.

그렇다면, 당신은 어떻게 해야 할까요?

그 힌트는 바로 당신의 깨달음에 있습니다.

당신이 살아가는 세상이 곧 당신이고, 그 세상은 물질의 세상이 아니라 정신의 세상이라면, 당신이 저지른 실수는 곧 당신에게 저지른 실수로 죄책감이 되었고, 그것을 없애려 해도 물리적으로는 없앨 수 없기 때문에, 당신은 지금 당신의 삶에서 그것을 해결해야 합니다. 당신이 저지른 실수가 만약 당신의 부모님께 불효했던 것이라면, 다른 어르신들을 잘 봉양하면서 당신의 세상을 치료하세요.

당신이 저지른 실수가 만약 누군가에게 큰 상처를 주고 그가 세상에 없다면, 그의 친족들이나, 그와 비슷한 사람들을 위해 헌신하세요.

　이처럼, 당신은 당신이 처한 상황에서 당신을 치료하기 위한 최선을 찾아내서 하면 됩니다. 그리고 만약 당신에게 상처를 입은 사람이 있다면, 그를 위해 기도하고, 사과하고, 희생으로 그 빚을 갚으면 됩니다.

　당신이 누른 정지버튼은 당신의 죽음을 정지시키고, 당신의 새로운 삶을 시작시킬 것입니다.

　당신은 이제 누구보다 성숙한 삶을 살아가게 될 것입니다.

　당신의 삶의 주인으로써, 당신 스스로를 일깨우며, 감사하는 마음으로 세상을 살아가는 동안 당신은 진정한 행복을 깨닫게 될 것입니다.

　당신의 진정한 행복을 기원합니다.

계부모의 학대 때문에 죽고 싶어요.

　당신은 지금 계부모의 학대로 인해서 엄청난 고통을 받고 있군요. 그리고, 그것 때문에 당신은 당신의 삶을 그만두려 하고 있습니다.
　하지만, 이 글을 꼭 들어보세요. 이미 당신은 죽으려는 마음을 가지고 있기 때문에 이 글 하나쯤 읽고 죽는다고 해도 그리 손해보는 일은 아닐테니까요

　당신은 아직 성인이 안된 학생일수 있겠네요.
　어린나이에 당신이 선택하지도 않은 일로 인해 갑작스러운 환경의 변화와 학대는 당신에게 참을수 없는 고통을 안겨다 주었겠군요.
　참으로 안타까운 일입니다.
　당신의 고통을 끝낼 수 있는 방법으로 죽음을 선택하는 것은 당신이 할 수 있는 최선이라고 생각할 수 있겠네요.
　하지만, 만약 다른 방법이 있다면, 당신은 그것을 선택하겠지요?
　당신의 여러가지 상황이 있을 것입니다. 새아빠나 새엄마의 학대와 함께 친엄마나 친아빠의 무관심이 있을 수도 있고, 그들이 합세해서 학대가 이루어질 수도 있습니다. 어찌 되었건 당신의 집은 당신에게 지옥 그 자체일 수 있습니다.
　당신이 만약 그런 환경들 때문에 죽음을 선택하려고 한다면, 당신에게 해줄 수 있는 이야기는 두가지 입니다.

하나는 당신을 학대하고 있는 그들은 당신과 동등한 존재입니다. 당신이 그렇게 두려워할 만한 대상이 아니라는 말입니다. 당신은 아직 힘이 약하지만, 그들에게 분노가 일어나고, 그들을 죽이고 싶다는 생각이 일어날 수도 있습니다. 그렇기 때문에 그들과 당신은 동등한 존재입니다.

두번째는 그렇기 때문에 그들은 당신에게 학대를 가해서는 안되고, 그럴 권리를 가지고 있지 않습니다.

이제 당신이 해야 할 일은 죽음을 선택하는 대신에 그들에게서 도망쳐야 합니다. 그들은 당신을 다시 찾아서 괴롭힐 수 없습니다. 그리고, 당신이 성장하면, 그들은 늙어갑니다. 그리고, 자신들이 한 철없는 행위를 반성할 수도 있을 것입니다.

당신은 당장 그 지옥으로부터 탈출해서 기관의 보호를 청해야 합니다.

그리고, 명심해야 합니다.

당신은 절대적으로 독립된 존재이며, 누구도 당신을 해칠수 없습니다. 그렇기때문에 두려워할 이유가 없습니다.

지금 당장은 두려움과 구분하기 힘든 감정들로 인해, 그들을 다시 받아들이거나 집으로 돌아갈수 있지만 당신이 정말 죽고 싶을 정도의 학대를 받고 있다면, 그것은 되풀이 될 것입니다.

당신은 이제 홀로 일어서야 합니다. 홀로 일어선다는 것은 당신에게 지금은 두려움과 고통이지만, 성인이 된 이후에는 큰 혜택이 되었음을 알게 될 것입니다.

하지만, 당신에게 그들을 증오하는 마음은 지워야 합니다. 그들은 자신들이 무슨일을 하는지도 모르고, 당신에게 몹쓸짓을 하고 있었던 것입니다.

자신들이 무슨일을 하고 있는지 알았다면, 누구도 자식을 학대하는 일을 하지 않습니다. 당신이 누른 정지버튼으로 당신은 당신의 지옥에서 탈출해야 합니다. 당신의 미래를 응원합니다.

당신의 미래는 누구보다 아름다울 것입니다.

왜냐하면, 당신은 홀로 일어설것이며, 당신은 죽음을 극복했기 때문입니다.

이제 당신이 만나는 어떤 환경도 당신을 이기지 못할 것이기 때문에 당신은 지금 이순간부터, 당신의 미래를 만드는 소중한 존재가 되는 것입니다.

당신이 이것을 잊지만 않는다면, 당신의 미래는 그 누구보다 아름다울 것입니다.

친구들의 왕따와
학대 때문에 죽고 싶어요.

당신은 친구들로부터 받은 왕따와 학대로 인해서 엄청난 고통을 받고 있군요. 그리고 그것 때문에 당신은 당신의 삶을 그만두려 하고 있습니다.

하지만, 이 글을 꼭 들어보세요. 이미 당신은 죽으려는 마음을 가지고 있기 때문에 이 글 하나쯤 읽고 죽는다고 해도 그리 손해보는 일은 아닐 테니까요

당신은 지금 친구들의 왕따와 폭력으로 인해 죽음을 선택해야 할 만큼 중요한 순간에 있습니다.

하지만, 깊이 한번 생각해보세요.

당신은 피해자에 불과 합니다. 당신이 무슨 잘못을 저지르거나, 실수를 한 것 아니라, 친구들이 그냥 당신을 표적으로 왕따를 시키고, 힘으로 당신을 괴롭힙니다.

그렇기 때문에 당신은 당신의 지금 상황에서 당신이 죽음을 선택하는 것은 잘못된 것입니다. 잘못한 사람이 벌을 받는 것이지 당신이 받아야 할 벌이 아닙니다.

그리고, 사실 그들은 친구가 아닙니다.

친구는 당신과 친하고 마음을 터 놓고 이야기 할 수 있는 사람, 그리고

함께 놀고 성장하는 사람이 친구입니다. 이미 그들은 친구가 아닙니다.

그들은 당신을 괴롭히고 해치는 사람들입니다.

그러므로 적어도 당신에게 그들은 그냥 범죄자에 불과합니다.

당신은 더 이상 그 범죄자들과 함께 있어서는 안됩니다.

하지만, 또한 당신이 알아야 하는 것은 그들은 그들 스스로 자신들이 무슨일을 하고 있는지 알지 못한다는 것입니다. 그들은 당신을 괴롭히는 일이 자신들에게는 즐거움이지만, 당신에게는 죽을 만큼 고통스러운 일이라는 사실을 알지 못하기 때문에 지금 그런 일을 하고 있는 것입니다.

그렇기 때문에 당신은 그들에 대한 미운 마음을 없애야 합니다. 그들을 위해서가 아니라, 바로 당신을 위해서 입니다. 당신의 마음은 왕따와 폭력으로 인하여 매우 위축되어 있고, 그것을 극복하기 위하여 그곳을 탈출한다고 해도 마음의 위축으로 인해 다른 환경에서도 잘 적응하기 힘들 수도 있습니다. 그래서 당신을 위해서 그들을 용서하고, 당신의 마음을 잘 다스려야 합니다. 그들은 그냥 철없이 다른 사람을 괴롭히는 것을 즐거움으로 아는 불쌍한 존재들입니다. 그런 저급한 존재들로 인해 당신이 죽음을 선택한다면 이것은 말이 안되는 일입니다.

이제 당신이 할 수 있는 일은 당신이 죽을만큼 힘들다는 사실을 선생님이나, 부모님께 알리고 학교를 옮기거나 그만 두는 일입니다. 이것은 두려워하거나 이상한 일이 아닙니다. 당신이 할 수 있는 최선의 일입니다. 당신이 죽음을 생각했다면, 당신에게 어떤 선택도 죽음보다 낫습니다. 그리고 지금 당장 당신이 할 수 있는 선택은 그 범죄의 소굴로부터 탈출하는 것입니다. 비장한 각오로 매우 강력하게 어른들에게 요구해야 합니다. 왜냐하면, 당신의 목숨이 달린 문제이기 때문입니다.

그리고 당신이 다른 환경에 처하게 된다면 좋은 친구를 사귀어야 합니다. 첫단추가 중요합니다. 좋은 친구를 사귀기 위한 첫번째 조건은 당신이 좋은 친구여야 합니다. 좋은 사람만이 좋은 친구를 사귈 수 있습니다. 똑 같은 실수를 두번해서는 안되기 때문에 다시 태어난 사람처럼 명랑하게 당신은 좋은 사람이 되기 위해 노력하고 좋은 친구를 사귀어야 합니다.

이 정지버튼으로 당신은 새로운 삶을 출발해야 합니다.

당신의 아름다운 미래를 응원합니다.

신체장애 때문에 죽고 싶어요.

당신은 지금 당신이 가지고 있는 장애로 인하여 엄청난 고통을 받고 있군요. 그리고 그것 때문에 당신은 당신의 삶을 그만두려 하고 있습니다.

하지만, 이 글을 꼭 들어보세요. 이미 당신은 죽으려는 마음을 가지고 있기 때문에 이 글 하나쯤 읽고 죽는다고 해도 그리 손해보는 일은 아닐 테니까요

당신은 장애를 안고 태어났을 수도 있고, 혹은 사고로 인하여 장애가 생겼을 수도 있습니다. 그리고 그 장애는 당신에게 혹독한 시간들을 주었을 것입니다. 당신은 당신이 평범한 사람과 다르다는 생각 때문에 매우 위축되고 괴로울 것입니다.

당신에게 두가지 이야기를 전하고자 합니다.

하나는 모든 사람은 몸의 존재가 아니라 정신의 존재라는 것입니다. 당신은 이미 그것을 증명하고 있습니다. 아마 당신과 같은 장애를 가진 사람, 혹은 당신보다 더 심한 장애를 안고 살아가는 사람도 있을 것입니다. 하지만, 그들이 모두 죽음을 선택하지는 않습니다. 그 이유는 장애로 인해 죽음을 선택하는 것이 아니라, 그 장애를 견디기 힘들어서 죽음을 선택한다는 것입니다. 그렇다고 당신의 선택이 잘못되었거나 당신의 상황을 이해하지 못하는 것이 아닙니다. 그저 당신 스스로가 냉정하게 자신의 선택을 바라봐야 한다는 것입니다.

왜냐하면, 당신이 장애 때문에 죽으려 한다면 그때문이 아니라는 사실을 알아야 지금의 생각을 그만둘 것이기 때문입니다. 당신은 장애가 문제가 아니라 그것을 인식하는 정신의 문제 때문에 죽고 싶어하는 것입니다.

그러므로 당신은 철저하게 정신적인 존재입니다. 다시말하면, 당신이 정신을 바로 세울 수만 있다면 당신은 얼마든지 새로운 삶이 가능하다는 이야기 입니다. 이 곳에는 많은 컨텐츠들이 있습니다. 당신은 그것들을 보며 공부하고 감사의 습관을 가져 보기를 권합니다. 당신이 하루에 세 개씩 감사한 일을 찾아본다면 당신은 당신의 삶 속의 보석들을 발견하고 당신이 얼마나 훌륭한 사람인지를 깨닫게 될 것입니다. 그러면 당신은 새로운 삶을 살아가게 됩니다. 그것은 당신의 장애가 극복되었기 때문이 아니라 당신의 정신이 새롭게 되었기 때문일 것입니다.

두번째 당신에게 들려줄 이야기는 닉부이치치 이야기입니다. 당신은 익히 잘 알고 있을 수 있습니다. 하지만, 저는 그가 팔다리 없이 태어났는데도 잘 살고 있다는 이야기를 하려고 하는 것이 아닙니다. 그노 낭신과 같이 9살이 되었을 때 자신이 친구들과 너무 다르다는 것 때문에 실망하여 죽음을 선택하려고 합니다. 하지만 그는 아주 새로운 시도를 합니다. 그는 입에 펜을 물고 "내가 가진 것들"이라는 주제로 글을 써봅니다. 그리고 자신의 사랑하는 부모님, 친구, 등등 수많은 자신의 삶에서 자신이 가진것들이 많다는 사실을 알게 됩니다.

이것은 바로 자신에게 말을 거는 행위입니다.

주제가 같지 않아도 됩니다. 당신은 적어도 죽기 전에 자신과 대화를 해보아야 합니다. 왜 살아야 하는지? 우리는 어디서 와서 어디로 가는지? 나는 누구인지? 이런 질문을 만나게 되는 동안 당신의 삶은 새로워질 것입니다. 그리고 당신은 지금까지의 당신이 아니라 새로운 당신으로 변해갈 것입니다.

당신이 누른 이 정지버튼은 당신을 새롭게하는 다시 시작하게 하는 리셋 버튼이 되는 것입니다.

반복적으로 자해 충동이 일어나요

당신은 지금 자해의 충동으로 인하여 엄청난 고통을 받고 있군요.

하지만, 이 글을 꼭 들어보세요. 이 글 하나쯤 읽고 자해를 해도 그리 손해보는 일은 아닐테니까요

당신에게는 과거에 심한 정신적 고통으로 인하여 스스로의 몸에 상처를 내게 되었고, 그로 인해서 반복적인 충동이 뒤따르고 있습니다.

사람은 참 신기한 존재입니다.

마약처럼, 환각을 일으키는 것에만 중독이 되는 것이 아니라, 자해처럼 고통스러운 일에 조차 중독이 일어납니다.

도둑질을 하는 사람, 강도를 하는 사람, 심시어 사람을 죽이는 사람도 중독이 일어납니다.

처음 할때는 매우 낯설고 두려워서 어렵지만 한번 하고나면 경험자가 되고 그러니가 두번은 좀더 쉽고 세번은 더 쉽습니다.

그리고, 중독에 빠지게 되면 중독으로부터 벗어나는 것은 매우 어려운 일이됩니다.

하지만, 좋은 습관은 쉽게 형성되지 않습니다.

왜일까요?

그것은 몸이 그 비밀을 가지고 있습니다.

그것은 감정이 그 비밀을 가지고 있습니다.

몸은 그 경험을 통해 약간의 쾌감을 느끼게 되면, 그것을 다시 하고 싶어합니다.

그리고 그것을 자주 하다보면 그것에 중독됩니다.

그러니까 중독의 공통점은 쾌감입니다.

당신은 당신에게 자해하는 것을 통해 쾌감을 느끼게 되었습니다.

사실 당신의 자해는 당신 세상이 맘에 들지 않아 그것을 깨버리고 싶어서 일어났을 것입니다.

그러니까 당신을 아프게 하면 누군가 아파했기 때문에 시작되었을 것입니다.

하지만, 지금 당신은 그 과정속에 있을 수도 있고 혹은 그 과정을 넘어가서 이제는 스스로에게 상처를 내는 것 자체에 쾌감이 있을 수도 있습니다.

이것은 매우 불행한 일입니다.

왜냐하면, 당신은 육체적 존재만은 아니기 때문입니다.

당신은 쾌락에 중독되어 스스로를 해치고 점점더 이상하게 변해가는 자신을 중지시키고 싶을 것입니다.

당신에게 추천하는 이야기는 감사입니다.

당신은 매일 3가지의 감사를 찾아보세요. 그리고, 그것을 노트에 적어보세요.

처음에는 쉽지 않을 수도 있습니다. 하지만 당신이 이 노력을 하기 시작한다면 당신은 지금 당신의 늪으로부터 빠져나오는 시작이 될 것입니다.

당신의 부정적 부분 자체를 없애기는 매우 힘들지만, 당신의 감사를 확장시키다 보면 당신의 부정적인 부분은 조금씩 그 비중이 줄어들게 됩니다.

그리고 당신은 당신이 얼마나 행복한 존재인지 깨닫게 될 수도 있습니다.

당신이 누른 이 정지버튼으로 당신은 당신의 삶을 전환시킬 계기가 마련되었습니다.

당신은 이 정지버튼으로 당신의 충동을 정지시키고, 이제 감사의 버튼을 눌러보세요.

감사의 버튼을 누르며, 감사의 노트를 써나가는 동안 당신은 당신 스스로를 구원해낼 것입니다.

이곳에는 다양한 컨텐츠들이 있습니다. 당신의 마음을 평화롭게 하는 다양한 컨텐츠들로 당신 스스로를 다스려 보세요.

당신을 응원합니다.

에필로그

사람들은 우울함 때문에 목숨을 버린다.
우울함의 대표적인 예는 상실이다.
가족이 먼저 세상을 떠난 상실감 때문에 겪게되는 일은 어떤일일까?
그것은 사람마다 천차만별의 상황을 맞이하게 될것이다.
어떤 사람은 망연자실하여 삶을 비관하고, 스스로 죽음을 택할 수도 있을 것이고, 어떤 사람은 그것을 잘 이겨내고, 힘찬 자신만의 미래를 살아갈 수도 있다.
과연 왜 이런 일이 일어날까?
만약 상실이 이유라면, 그 상실로 인해서 일어나는 결과는 똑 같거나 비슷해야만 한다. 하지만, 그 결과의 스펙트럼은 너무나 다양하다.
왜 그럴까?
그답은 상실이 일으킨 상실감이 다 다르기 때문이다.
상실은 하나일 수 있지만, 상실감은 모두 다르다. 그것이 모두 다른 이유는 상실감은 느낌이며, 느낌은 개인마다 같을 수 없기 때문이다.
이것이 이야기 하는 것은 우리는 우리가 느끼는 세상만큼만 자신의 세상이라는 것이다. 그래서 타인과 공감을 잘하는 사람이 세상을 잘 살아가는 이유는 타인의 세상 만큼 자신의 세상이 되기 때문이다.
우리가 통제할 수 있는 유일한 것은 상실이 아니라 상실감이라는 것이다.
우리는 오직 느낌자체를 통제할 수 있을 뿐이지 느낌을 준 대상을 통제할 능력이 없다.
우리에게 느낌을 주는 모든 대상들은 저마다 느낌을 가진 주체들이지

객체가 아니다. 그렇기 때문에 서로 큰 착각이 일어난다.

서로를 통제하려고 시도하는 것이다.

그것이 사물이어도 같다. 하물며 사람은 어떻겠는가?

우리는 철저히 느낌만을 통제할 수 있다는 사실을 깨달아야한다.

그 느낌을 통제할 때, 비로소 우리는 상실을 통제할 수 있게 된다.

아주 아이러니한 이야기이다.

상실자체는 통제할 수 없지만, 상실감을 통제하는 순간 상실 또한 통제된다.

우리가 자신의 느낌을 통제하는 순간 세상이 통제되는 것이다.

사람들은 세상을 통제하고 싶어한다.

하지만, 세상은 절대로 통제 당하지 않는다.

오히려 우리를 통제하러 들것이다.

하지만, 우리가 스스로를 자각하고, 자신을 통제하는 순간, 세상을 통제하는 능력을 갖게된다.

이것을 사람들은 절제라고 불러왔다.

절제중에 가장 위대한 꽃은 바로 감사이다.

감사하는 마음을 갖게되는 순간, 사람들은 자신들의 세상을 통제할 수 있게 된다.

당신이 누군가에게 감사하는데 당신을 미워하는 사람이 얼마나 있을까?

심지어 당신을 미워하는 사람조차 당신이 그에게 감사할 꺼리를 찾아내기만 한다면, 그는 아마도 당신에게 미안한 마음이 생길 것이고, 이윽고, 그 마음은 감사로 바뀌게 될것이다.

이 정지버튼은 사실은 불행을 정지시키는 버튼이며, 행복을 실행시키는 버튼이다.
곳곳에 나름의 열쇠들을 숨겨놓았지만, 가장 강력한 처방전을 묻는다면, 저자로써 자신있게 이야기 할 수 있는 것은 바로, 감사버튼이다.
감사버튼은 당신의 삶을 기적으로 가득 채울 것이다.

또한 꼭 눌렀으면 좋겠다는 버튼이 있다면, 그것은 생사버튼의 "죽지 말아요"이다.
누구나 죽음의 순간을 한번쯤 떠올릴 수 있다. 하지만, 꼭 이 버튼을 눌러보고, 이 이야기를 들어보고 나서 그리고 스스로 그 문제를 해결하고 나서 뭔가 결정하기를 바란다.

당신이 세상을 끝낼 수 있는 방법은 죽음이 아니라, 삶으로써 라는 사실을 깨닫기를 바란다.

정지버튼

2021년 3월 12일 초판 1쇄 인쇄 | 2021년 3월 19일 초판 1쇄 발행

저자 박이철 | **발행인** 장진혁 | **발행처** (주)형설이엠제이
주소 서울시 마포구 월드컵북로 402 KGIT 상암센터 1212호 | **전화** (070) 4896-6052~3
등록 제2014-000262호 | **홈페이지** www.emj.co.kr | **e-mail** emj@emj.co.kr
공급 형설출판사

정가 15,000원

ⓒ 2021 박이철 All Rights Reserved.

ISBN 979-11-86320-85-3 13180

* 본서는 저자와의 협의에 따라 인지는 붙이지 않습니다.
* 이 책은 저작권법에 의해 보호를 받는 저작물이므로 동영상 제작 및 무단전재와 복제를 금합니다.

정지버튼 | Stop Button

memo

memo